哲学|是|什么

[英] 拜伦 · 杰文斯（Byron Jevons）____著　　高奎____译

PHILOSOPHY: WHAT IS IT?

地震出版社
Seismological Press

图书在版编目（CIP）数据

哲学是什么 /（英）拜伦·杰文斯著；高奎译.
-- 北京：地震出版社，2022.3
ISBN 978-7-5028-5261-0

Ⅰ.①哲… Ⅱ.①拜… ②高… Ⅲ.①哲学—通俗读物 Ⅳ.① B-49

中国版本图书馆 CIP 数据核字 (2021) 第 265896 号

地震版　XM4776/B（6222）

哲学是什么
［英］拜伦·杰文斯　著
高奎　译
责任编辑：凌　樱
责任校对：鄂真妮

出版发行：地震出版社
北京市海淀区民族大学南路 9 号　　邮编：100081
发行部：68423031　68467991　　传真：68467991
总编室：68462709　68423029
证券图书事业部：68426052
http：//seismologicalpress. com
E-mail：zqbj68426052@ 163. com
经销：全国各地新华书店
印刷：固安县保利达印务有限公司

版（印）次：2022 年 3 月第一版　2022 年 3 月第一次印刷
开本：710 × 960　1/16
字数：109 千字
印张：7.25
书号：ISBN 978-7-5028-5261-0
定价：36.00 元

前言

工人教育协会一直希望了解哲学的真正含义，这样看来，哲学是关于普通人及其实际生活的问题，并不独属于知识分子的研究范畴。这一观点的真实性毋庸置疑，作为一种尝试，本书由五个章节组成，这五个章节是一种尝试，与其说是为了解答他们的疑惑，不如说是为了将这个问题承载的意义表达出来。因此我特意用一个疑问句作为本书的书名——哲学是什么?

在对该问题进行讨论的过程中，我会尽可能不使用专业术语，可能有人会说，不用专业术语来解释，很难将哲学分析得透彻深刻。事实上，在不使用专业术语的情况下，我们也许能对这个问题给出本质性的答案，同时弄清楚为什么有些答案不尽如人意。在课堂上，书中的每一个章节都激起了长达一个小时的讨论，这也表明，对于广大民众来说，哲学是很有趣的，从中引出的诸多问题也有很大的讨论空间。因此，借着这本书的出版，我希望广大民众，以及对哲学感兴趣却没有深入了解过的读者能够发现这个问题的价值，愿意去讨论它，并找出问题的答案。

拜伦·杰文斯

英国杜伦大学哈特菲尔德大厅

1914年3月5日

目录

PHILOSOPHY : WHAT IS IT?

第一章

哲学与科学

第一章　哲学与科学

这个未知的世界有着太多秘密，同时也赋予了世人沉重的使命。当这些秘密和重担沉甸甸地压在人们肩头时，大部分人，甚至所有人，都会感到沮丧或绝望。我们不禁发问："这一切有什么意义？这一切能给我们带来什么？"身处绝望之中，人们会觉得这一切毫无意义，这一切对生活来讲也毫无益处。或者说，就算有意义、有益处，我们也很难察觉到。

这些问题经常被人在绝望之际提出来，他们的语气已经暗示了结果：他们没有找到满意的答案，或者说根本不相信能找到满意的答案。当人们冷静下来，可能还会认为这些问题理应存在一个合理的答案。鉴于此，我们不应该在陷入绝望之际来寻求答案，而必须在经过深思熟虑之后，再来判断是否能找到答案。现在，我们怀着一种反思的心态，对这些问题进行分析和思考，同时也要对可能存在的答案进行思考——如果能找到答案——这就是哲学。

因此，我们不妨再次回顾这几个问题：这一切到底有什么意义？这一切对我们又有什么益处？然后再仔细研究这些问题中隐含了哪些深意。其中，“这”指的是我们在日常生活中获得的经验。很明显，哲学与经验有关——我们对生活的经验。因此，研究哲学必须从经验入手，其结果也必须反映经验，反映人们经历过的万事万物。那么，“这一切”指的又是什么呢？“这一切”指的不是某人的特定经验，也不是某段特殊经历，更不是某一学科的知识，而是这些的总和。因此，哲学必须思考现存的所有经验、经验整体、存在，以及认识整体等问题。“这一切到底有什么意义？”“这一切对我们又有什么益处？”不难看出，那些绝望地对宇宙提出这两个问题的人，也一度认为人这一生值得一活，生活是美好的、有意义的。但是现在他们开始怀疑，这一切是否有意义，宇宙是否是理性的、可理解的，生活中是否真的存在美好的事物。他开始对这些观点持怀疑态度。

也许我们从心底相信，这个世界是可知的，它的运转是合理的，生活是美好的，要是人们理性地思考和行动，生活可能会变得更美好。如果我们确信这一点，那么我们应该给那些对它持怀疑态度的人一个答案。如果你想了解他人的困难，那么你必须设身处地为他着想。只有当你站在对方的立场上时，你才能够扪心自问：这一切究竟有什么意义？为了公正地回答这个问题，你必须求助于经验——他的经验，你的经验，我们所有人的经验。你必须把这些经验作为一个整体来思考，也就是说，你必须让自己变成一名哲学家。每一门科学都是对特定领域内的一系列事物进行解释，但是即使所有的科学都是如此，有些问题依然存在：“这一切到底有什么意义？它最终会产生什么样的结果？”而哲学正是尝试去解答这些问题。哲学要探究的是整体，以及整体意义上的经验。

我们必须从经验出发，最后再回到经验中去。我们从经验出发，而且只能从经验出发，这是因为除此之外，我们再也找不出更好的切入点了。我们对经验进行思考——这一思考的过程就是哲学——我们希望能够通过这种方式，将经验理解得更加深刻。如果结果足够幸运，我们会发现，仅靠自己的力量已经足够把经验理解得十分透彻，并从中发掘出更多的东西，甚至和我们最初理解的迥然不同。

当然，还存在这样一种可能性——即使这种可能性微乎其微——我们对经验的探索越深入，越难从中挖掘出更多的内涵，或者说越难赋予它某种意义。假使到最后，我们得出这样一个结论：这个世界毫无意义，或者说没有任何东西值得我们去发掘。这个结论也属于哲学的范畴，因为我们是在对经验的思考之中得出的这个结论，只能说它属于怀疑论哲学。

和其他学科一样，在哲学中，怀疑主义是对教条主义的反抗。也就是说，怀疑论哲学，或哲学上的怀疑主义，是对某种观念的反抗——那些我们未曾怀疑、未经探索和理性分析就接受的观念。哲学的性质决定了它应该随时准备根据新的证据和事实来重新思考它的结论。只有这样，哲学才能生存发展。教条主义阻碍哲学调整自己以适应知识的增长，这是强加在哲学上的一道枷锁，对哲学来说是致命的。这样看来，怀疑主义是对教条主义的反抗，是对教条主义的解构，对哲学的发展更是起到了至关重要的作用。

虽然解构往往是必要的，但是不论是在哲学还是其他领域中，解构终归与建构不同。如果我们想在某个地方建一栋新建筑，那么拆除原来的老建筑是很有必要的。只有先破，而后才能立。这也是怀疑主义不管在哲学的发展进程中，还是在事物演进的过程中，从来都不是终点的原因。那些把怀疑主义当作哲学归宿的人，恰恰忽视了这一重要事实。实际上，哲学是一门鲜活的、持续发展的学科，只要它存在着、发展着，它就不会终结。

哲学是一门鲜活的、持续发展的、充满质疑与思考的学科，正如前文所说，这是因为哲学与经验相关，研究哲学必须从探索经验开始。哲学是对经验和所经历过的事物的反映，只有以整个经验为基础，其研究才有价值。但是经验是不断增加的，世界也随着经验的增加不断成熟。也就是说，呈现在我们面前的绝对不是、也永远不可能是完整的经验，因此，我们永远不可能到达哲学的终点。如果哲学真的存在终点，可以想象，教条主义者很可能会本着哲学的自由主义精神说："这里就是你能到达的终点，你无法再走得更远了。”哲学绝不可能认可这样一种归宿，而是会坚定不移地向前发展、与时俱进。当我们讨论哲学时，我们实际上讨论的可能是自身已有的经验，我们甚至会产生这样的想法：以经验为基础的哲学探索究竟会走向兴盛，还是会就此没落。经验是不断积累的，我们无时无刻不在获取经验，我们不知道一年或一个世纪以后，人们对世界的认知会产生怎样的变化。如果有人声称自己能预测这一点，那他的思想无疑是纯粹的教条主义，这种思想对哲学的发展是致命的。我们最多能摸清楚事物的发展规律，可以描述各种事物目前的发展状况，但如果有人声称自己能预测这些事物一个世纪之后的样子，那他的思想无疑也是纯粹的教条主义，愚蠢至极。只有一个世纪以后的哲学才能确认当时事物发展的状况。我们必须从已有的经验出发，以其作为切入点来探讨已经发生过的事件。只有这些事真的发生了，哲学才能够反映它，然后对它进行反思：这段经验是否有意义？它对我们有什么益处？

可能有人认为，我们所说的基于经验的哲学只关注过去的事情。这是一种误解，作为哲学家，我们并非只关注过去，更准确地说，我们并非只关注那些已经成为过去的、毫无用处的东西。对于过去的事物，我们只关心它与现在和未来有关的部分。如果某件事是有意义的，哪怕只有一丝一毫的意义，这个意义也会贯穿过去所有的时刻，或在这些时刻中体现出来，并将这些不同的时刻联结成一个整体。过去那些连续的时刻，它们每一刻都曾作为未来的某个时刻，然后变成了现在的一刻，最后才成为过去的一刻。现在我们回过头来重新审视它们，将它们连接成一个整体——一个我们已经拥有过的且今后仍将拥有的经验整体。同样，那些尚未成为过去的连续时刻，现在正毫不停留地从我们身边溜过，它们每一刻都遵循这个顺序依次轮转，先作为将来，再成为现在，最后变成过去。如果我们仔细看看这些时刻，深入思考一下，就会发现它们也在联结成一个整体。在我说出这句话之前，未来的那一刻就成了现在，接着马上又变成了过去。但是，如果过去和未来的各个时刻都是这样彼此联系、密不可分的，那么它们本身就在联结成一个整体。当然，我们可以将不同的时刻区别开，却不能将它们彼此分割开。这就好像我们能够区分一条线段的两个端点，却不可能将这条线段的一头放在这边，一头放在其他地方。过去的时刻和未来的时刻就好像一条线段的两端，彼此紧密联系、不可分割：二者在现在的时刻建立彼此之间的关联，再经由现在从未来过渡到过去。过去和未来，虽然这两个端点各有不同，但它们又不可分割，因为它们都是整体的一部分。这就是人类经验的本质，也是未来、现在与过去中连续时刻的本质。我们需要从整体上理解人类的经验。哲学所思考的就是这个整体，所反映的也是这个整体。

但是，如果直接说经验是一个整体，那么无疑是做了一个教条主义的陈述。而这种教条式的做法必然会引发怀疑主义——这个结论会引起质疑，我们必须对其进行解释。承认经验是一个整体，相当于承认要对此做一个专门的解释。正如我们已经看到的，哲学——对经验的解释——永远不会有终点，原因很简单：经验本身就是持续不断增长的，而且这种增长趋势会一如既往地持续下去，永远不可能结束。既然经验永远不会停止增长，哲学也就永远没有终点，那么哲学怀疑论者可能会提出疑问：经验怎么能形成一个整体呢?

在某种程度上，这个难题可以用类比的方式来解决。举例来说，一个完整的圆即一个整体，如果将这个圆扩大，它还是一个整体。同样，我们也可以把经验看作一个持续扩张的圆，但是，这个类比显然还不够完美。因为，认识的增长不仅局限于范围和数量，这一过程中还包括认识对象的深入，认识内容的多样化。或许我们将经验比作一个有机体，这个类比会更加恰当。一个活的有机体就是一个整体，这个整体中包含各个部位，每个部位彼此不同，但又互相依赖、难以分离。由于这个有机体是一个整体，而且还是活生生的整体，因此它会不断地成长下去。在成长的过程中，这个有机体永远不会到达其最终形态；同样，在经验持续增长的过程中，它也永远不会到达终点，即使它一直是增长的状态，它也永远保持着一个整体的形态。

公正地说，假设经验是一个整体，一个不断增长的整体，虽然它在增长，更准确地说，正因为它在增长，所以它尚未到达终点。虽然我们一开始就假设经验是一个整体，且这样看起来似乎十分合理，但我们仍然只能将它当作一个推论或假设。要是将这一说法当成既定事实，那就犯了教条主义的错误。我们现在应该忘掉我们在本章开头讨论的观点，转而从生活和经验方面入手，解答以下两个问题：这一切究竟有什么意义？这一切对我们有什么益处？这正是哲学始终试图回答的问题。我们必须这样假设：它要么有答案，要么没有。无论我们一开始是否假设有答案，最终都要证明我们的假设与事实相符。当然，我们可以假设存在一种答案，然后提出一个我们自认为是答案的结论。如果我们这样做了，那么其他哲学家就有责任证明，我们给出的答案在多大程度上是无法令人满意的。接下来，我们的工作就是重新修订答案，使之符合事实。只要有新的事实出现，或我们的答案不能解释已有的旧事实，这个过程就会一直重复下去。

当然，就目前看来，哲学的分析过程与科学的分析过程并无区别。科学与哲学一样，始终都在更新自己以适应事实。不论科学还是哲学，都是利用这种方式与时俱进的。

也许有人会问：既然我们有了科学，那么还需要哲学干什么呢？或者说哲学还有什么用处呢？哲学究竟是什么？在此，我重申一遍：人们通过哲学尝试解答关于生活和经历的疑问，回答诸如“这一切究竟有什么意义”“这一切于我们有什么益处”等问题。如今，科学可分为许多门类——数学、天文学、物理学、化学、生物学、生理学和地理学等，但是没有一种科学问过这样一个问题，也是最有趣的一个问题，能够回答这个问题的科学少之又少——我们的经验究竟能给我们带来什么？它有什么意义？又有什么益处？是哲学，也只有哲学在认真思考这类问题，并试图找出问题的答案。

每一门特定的科学，研究的都是其专业领域内的一系列事实。哲学与之不同，它试图思考所有经验和所有存在，而并不局限于某一特定领域的一系列事实；它将所有的事实都放在整体层面上进行思考，从而追问这个整体的意义。没有哪一门科学能做到这一点，没有哪一门科学能像这样研究所有的事实。在战争中，所谓成功的策略往往是这样的：先熟悉敌情，再将敌军的各个部队逐个击破。科学使用的正是同样的策略。面对自然界展现出来的诸多问题，科学并非突然之间将它们一网打尽，而是接连出手，将它们逐个击破。因此，科学可以分为许多不同的门类，每个特定的门类只解决属于该门类的特定难题，每一门科学对其特定领域内的知识都有各自的见解。然而，没有哪一门科学能够告诉我们其他科学领域内的只言片语，更不用说有哪一门科学能够总管其他所有门类的科学工作。

没有哪一门科学能研究所有的事实。科学所使用的策略，也可以说是所有科学统一使用的策略，就是将所有的敌军部队分而化之，如同它们被整合之前一盘散沙的模样，然后再利用针对性的打法将它们各个击破。每一个目标都有不同的性质，其中每一种性质都要用属于其特定领域内的科学知识分别研究，就好比用光学来研究色彩，用物理学来研究质量，用化学来研究物质的化学结构，用生理学来研究有机体，等等。当然，颜色并不能脱离具体的事物而存在，你也不能单独将一个物体的质量从它身上剥离出来，然后将这个质量放在一处，转而将那个被剥离了质量的物体放在另一处。你真正能做的只有专注于研究某个物体所具有的诸多性质中的一个，然后假装对其他所有的性质视而不见。我们的这种做法，也可以说是将那一种特定的性质从物体本体身上提取了出来，而那种被提取出来的性质则被称为抽象概念。这些性质，即这些抽象的性质，只能单独以唯一一种方式来研究，那就是假定它们处于独立存在的状态。对于这些抽象概念的研究，就是我们所说的科学。

所有不同领域的科学都是抽象的科学。没有哪一门科学能从整体的概念上研究问题，它们只是针对事物的某一种特定的性质来研究，也就是说，只针对某一种抽象概念。每一门科学都专门研究实体所具有的某一个特定的方面，没有哪一门科学能将实体所具有的所有方面杂糅在一起研究。事实上，将实体具备的所有性质，或我们的整体经验，放在一起，综合进行研究，这是很有必要的。因为“这一切最终会产生什么样的结果？”“这一切到底有什么意义？”，这些问题恰好是科学无法回答的。至于为什么没有一门科学能尝试着解决这类问题，正是因为每一门科学都是抽象的，不同的科学研究事物身上的不同性质，没有哪一门科学能研究一个事物的所有性质，更不用说哪一门科学能一次性研究所有的事物。这时，一定会有人提出这样的疑问：这些性质能带来哪些影响？它们作为一个整体究竟有何意义？

总而言之，科学是抽象的，它研究的是抽象概念，而非整体的事物。它把各种整体的事物拆分成零碎的部件，正如它们构成事物之前的样子，然后将这些零件分门别类地进行研究。说得更准确一点，科学假装将事物拆成零件，分别研究其质量、颜色。但显而易见的是，我们不可能将某个物体的质量从其本体身上完全剥离出来，正如物体不可能脱离质量单独存在。科学当然不会想当然地认为质量能够脱离物体单独存在，或者说物体能够脱离质量单独存在。科学很清楚这些都是抽象概念，理论科学研究的是抽象概念而非整体事物。从这一点来看，科学是抽象的。

但是科学的抽象性还不止于此，它的抽象性还体现在另一方面。科研人员专注于某个事物所具有的诸多性质中的任意一种，然后对这种性质进行研究，从而加深对它的认识。如果该事物不在研究现场，那么科研人员就无法研究这个事物；如果没有科研人员，那么该事物也无法被人研究；如果这个事物压根就不存在，那么研究人员就不会知晓这事物的存在；如果研究人员不存在，那么这个事物的存在也不可能被人知道。因此主体与客体必须同时存在，即科研人员与事物必须同时存在。但是，即使主体与客体同时出现，单一领域的科学也无法同时顾及二者。一个事物有许多性质——质量、尺寸和颜色等，但是不论哪一门科学，研究的都只是与其特定领域相关的性质，从而忽略其他所有的性质。因此，虽然研究人员和被研究的事物必须同时出现，但是，要想获取该事物的科学知识，科学也只能将目光聚焦于被研究的事物，而对研究人员视而不见。随着实验的成功或失败，研究人员对实验所表现出的开心与沮丧、希望与失望，与他们穿的衣服或梳的发型一样，对科学来说都不重要。科学关注的只是它所研究的事物，准确地说，只是那些抽象概念。科学不关心研究人员，不关心他们的胃口好坏，不关心他们的双手是否干净。虽然所有这些东西都是真真切切存在的，但科学对此视而不见。科学研究、关注的并非科研人员，而是他所做的实验。不只是科研人员，除了事物正在接受实验的那一种性质外，该事物其他所有的性质，都会被科学所忽视。

因此，科学的抽象性具有双重意义。首先，它忽视了除正在接受实验的那一种性质之外的其他所有性质，假定只存在那一种特定的性质；其次，它忽视了从事实验的研究人员，假定只有接受实验的事物存在。

但事实上，接受实验的事物并不会独立存在。如果没有研究该事物的研究人员，没有认识到事物存在的人，该事物就无法成为实验对象，更无法被人认识。我们应时刻牢记这一点，但总有人会忘记这一点，然后设想接受实验的事物完全能够独立存在。事物能够独立存在，这完全是一个抽象概念，这个概念与质量能够脱离物质独立存在，或物质能够脱离质量独立存在的观念如出一辙。我们永远都找不出没有质量的物质，或没有物质的质量，就连我们自己也无法脱离周围事物而单独存在。同样，我们周围的事物也离不开我们。我们怎么能够脱离它们呢？我们发现了它们，就知道了它们的存在，那么我们和它们必然在同一时间内存在着。就算通过将概念抽象化的方式，假定事物可以独立存在，从而使得我们能够全身心地投入到工作中，从而忘掉自我，忘掉自身的存在，但实际上我们还是一直都存在于那里。我们忘掉自身存在的前提是，我们自己是存在的。

那么，正如质量本身是一个抽象概念，而非具体的实物一样，事物自身也是一个抽象概念，并非实物。从理论上来说，质量从未单独出现过，而是一直与其他诸多性质共同出现。同样，事物自身也从未单独出现，它们总是因被人认识而存在；反之它们则永不为人所知。如果我们自身都不存在，那我们根本无法认识存在的事物。同样，若是没有已知的事物做参考，我们自身也就没有存在这一说。

我们能在脱离事物的前提下思考自身，同样，我们也能在脱离自身的情况下思考事物。但是不论是上述哪一种情况，我们思考的都是抽象概念，而非具体存在的事物。脱离了人类的事物是虚构的抽象体，脱离了事物的人类同样属于虚构的抽象体。

一条弧线，没有外弧一面就不会有内弧一面，没有人会否认这一点。当然，你可以只专注于它的内弧一面，而忽略它的外弧那一面。但是，一旦其中一个弧面缺失，另一个弧面也会跟着消失。外弧一面和内弧一面不可能分割开。科学研究的是脱离了其他所有性质的其中一种性质，研究的是脱离了研究人员的孤立事物，而实际上科学根本无法将这二者割裂开，纯粹是将内弧一面与外弧一面分别孤立起来进行研究。而实际上二者并不能分开，原因很简单，它们原本就是不可分割的。

虽然一条弧线的外弧一面与内弧一面不可分割，但是它们彼此很好区分，可以说是相互对立的。同样，参与研究事物的人或主体往往与他们研究的对象或客体很容易区分开来，从某种程度上说，他们也是对立的。

或许你会觉得，参与研究事物的主体，也就是人，并不总是研究相同的事物。这一点无可争辩。但是如果这个研究人员不去认识这一件事物，他就会认识另一件事物，只要他还存在清醒的意识，他就总是在认识事物。他总是处在认识这样或那样的客体的过程中。人，即主体，无法在没有任何客体存在的情况下生活。如果说你是这段弧线的外弧一面，那么，没有内弧一面的支撑你就无法活下去。

那么对客观事物而言又是怎样的呢？所谓客观事物指的是那些司空见惯的事物吗？还是指那些不为人知的事物呢？如果是后者，那么自然没有人关注它们，当然，也没有人能发现它们的存在。如果是前者，那它们就是人们关注的对象，即弧线的内弧一面；与此相对，关注它们的人就是外弧一面。当然，你也可以将受关注的对象当作弧线的外弧一面，把关注它们的人当做内弧一面。

整个物质世界的根源以及所有哲学的关键便在于一弧分两面，彼此不可分割，却又彼此对立，主体与客体之间永不分离。我们可以思考其中一面而忽视另一面，但是这种做法又使得我们的关注对象变成了抽象概念而非客观存在。我们可以关注物质而忽略人的存在，也可以关注人而忽略物质的存在；我们可以关注主体而忽略客体的存在，也可以关注客体而忽略主体的存在。但是不论哪种情况，都是从抽象概念入手，而非从客观存在入手。

我们可能会支持内弧一面，继而又反对它；我们也可能支持外弧一面，继而又远离它，走向与之对立的观点。不论做出哪种选择，我们在一个方向上走得越远，我们离现实也越远。弧线的其中一面属于物质存在的现实世界，另一面则属于意识存在的虚拟世界。不论我们倾向于现实世界还是虚拟世界，我们都会在以抽象概念为主的世界中越陷越深，离现实世界越来越远。

如果我们朝着其中一个方向走到底，就会发现那里除了物质和运动以外一无所有，那么我们就会受此影响，宣称这个世界上并无客观存在而只有运动着的物质；如果我们朝着另外一个方向走到底，就会发现那里除了意识状态和意识过程之外一无所有，那么我们又会受此影响，宣称这个世界上并不存在物质，而只有意识过程和意识状态。但真相是，脱离了意识的物质，或脱离了物质的意识，都仅仅是一种抽象概念，是现实中不存在的东西。关于这一点，我会在下一章展开讨论，现在，我想澄清一个可能已经在我们的脑海中根深蒂固的观点。

这个观点是这样的。假如每一门科学都研究抽象概念，如事物的质量、颜色和数量等，那么正常的研究步骤肯定是这样的：首先，我们从细节上逐个了解各种问题；然后，我们再将分别了解到的信息全部汇总起来解决问题。你可能会说，要想弄清楚事物是如何构成的，唯一的方式就是将它们拆开分析，然后再将它们重新整合起来解决。

如果问题的对象是人造的事物，那么上述的解决步骤是可能的；但如果问题的对象是天然存在的事物，还能用上述步骤解决，那就真的太了不起了。事实是，上述步骤绝不可能成功解决自然事物带来的问题。对于一块手工造的手表，我们可以将它拆成零件以后再组装起来；对于一枚母鸡下的蛋，我们或许可以将它分成无数份，并仔细分析其成分结构，但绝不可能再将它组合回一枚完整无缺的鸡蛋。

总有一些事物是人无法拆成碎片的。我们无法将一条弧线的其中一面拆下来放在一处，而将这条弧线的另一面拆下来放在另一处；我们也无法将自身与周围的事物割裂开，将这些事物单独放在一处，再将自己单独放在另一处。就算真能做到，我们也不可能再次让自己完美地融入周围的事物之中。显然，这不是正确解决问题的步骤。在我看来，不论是个人和他周围的事物，抑或主体和客体，都可以说是一根木棒的两个端点。如果你想将这两个端点割裂开，分别对其进行研究，那就只能将木棒切成两截了。

实际上，你无法用对待木棒的方式将主体和客体割裂开。或许有些人认为主体和客体是可以分离的，可以将一根木棒切成两截，将木棒的两端彻底割裂。但是，就算将木棒切成两段，新的木棒不是仍然有两个端点吗？不出意外的话，不论你切多少次，一根木棒永远有两个端点。同样的道理，你永远都无法将主体和客体割裂开。每根木棒永远都有两个端点，一条弧线的内外两面也无法被割裂，主体和客体之间、你和你周围所有的已知事物之间，就算割裂其中一个，永远都会出现另一个。

现在，我们来对这一章做一个总结。

哲学思考的是人类的经验，其目的是探寻经验整体是否存在意义，如果真的存在意义，那么有什么意义呢？经验是不断增长的，由于经验的增长永不停止，因此哲学永远不会到达终点，也就永远不会有归宿。然而，教条主义者认为他们对世界和生活的解释就是终极答案；而哲学怀疑论者则认为，不论某种说法多么站得住脚，归根结底还是没有答案，在这类人看来，经验没有任何意义。事实上，教条主义者和哲学怀疑论者都是错误的。教条主义者的错误在于认为现有的任何答案都是终极答案，哲学怀疑论者的错误在于否认经验的整体性。后者认为，既然经验永远在持续不断地增长，那么它就无法形成一个整体。这种说法明显是错的。以一个圆为例，它是一个整体，然而它也可以不断往外扩展增大。在这个过程中，它仍然是一个圆，仍然是一个整体。因此，经验是一个整体，这个说法是站得住脚的。但是我们也不应该武断地下定论，认为经验就是一个整体，要知道，上述说法只是我们提出的一个假设，这个假设是否能解释所有的事实，我们还须长期保持质疑之心。在这一方面哲学与科学很像，因为科学也是先提出假设，然后再不厌其烦地去修正它们，以使它们能真正契合事实。但科学和哲学之间还是存在一个非常大的区别：每一门科学研究的都是独属于该领域的一系列事实，没有哪一门科学能同时研究所有的事实、经验。然而，正是因为哲学研究的是所有的事实和经验整体，人们才会质疑哲学的最终目标和研究目的：我们所有的经验最后会产生什么样的结果？它究竟有何意义？

这就是科学与哲学的区别所在：哲学思考的是经验整体——源于人们生活中的经验；科学研究的是抽象概念，比如行星的运动轨迹，事物的质量、颜色或数量关系。这些统统都是抽象概念。再者，科学对事物展开研究，前提是要有从事研究的人，而且该事物还得为研究人员所认识。如果事物根本就是未知的，那它们就不可能为人所认识，但是科学恰恰忽视了这个事实。科学提取了已知的事物，然后又把它们当作未知的存在来对待。而真相是：认识和存在就像一条弧线的内外两面，它们彼此不同，却又不可分割。现在我们应该从这个事实着手分析，即一弧分两面。但有些人认为我们只需要关注其中一面即可，要么是属于物质的那一面，要么是属于意识的那一面。他们甚至认为我们完全可以否认另一面的存在。若是假设一条弧线只有一个面，或一根木棒只有一个端点，这样无疑非常奇怪。接下来，就让我们去探寻他们产生这种想法的原因。

PHILOSOPHY : WHAT IS IT?

第二章

唯物主义和唯心主义

在上一章中，我讲到我们生活中的经验有时是痛苦的，痛苦的程度之高，以至于我们禁不住会困惑：这些经验到底有什么意义？它们对我们又有什么益处？我还指出，哲学正是尝试着去解答这些问题。哲学将人类所有的经验看作一个整体，并尝试去探寻这个经验整体存在的意义。我认为，如果不存在经历事物的人，也就不存在所谓的经验。可以说，人与物就是一条弧线的两面。内弧一面代表我们的内心世界，即思想和情感、知觉和想法、快乐和痛苦；而外弧一面则代表外在世界，即运动和物质。简而言之，内弧一面是意识；外弧一面是物质。一方面是主体；一方面是客体。

如今，建构型哲学家认为经验是客观存在的。如果说我们只能将经验看作一个整体，一个可知的整体、一个有益于人类的整体，那么他们则努力去证明，这就是经验的本质。然而，解构型哲学家，即哲学怀疑论者，则努力证明这样的观点并不能解释所有事实。他们的原因很简单，因为似乎在他们看来，事实是不可知的。虽然建构型哲学家承认经验是一个整体，也承认哲学所做的事情就是尽力去弄明白这个整体，但是至于我们的经验内部到底是什么，他们绝对给不出令人信服的答案。一些人认为我们周围运动着的物质就是我们的经验内部唯一真实存在的；而另一些人认为我们唯一确定认识的事物就是我们自身的知觉。

接下来让我们一起来一一验证这两种观点。先从第一种论断开始，该论断认为，只有弧线的外弧一面，即外部的物质世界、运动着的事物，以及使我们产生经验的对象是客观存在的。对于这种观点我们肯定都有同感。无论如何，该观点都是通俗易懂的。如果有人问我们实在是什么，我们可能无法立即给出答案，但是我们可以轻易指出那些真实存在的事物。我们看到的墙壁、触摸到的桌子、坐着的椅子，以及仰卧休息的床，都是客观存在的事物。它们都属于物质，只是出现的形式各有不同。我们能看到、摸到、听到、闻到、尝到的任何事物都是真实的物质。我们赖以生存的地球和宇宙中其他的天体都是真实存在的，这些东西都是物质。

不仅如此，我们通过实际观察了解到，这些物质都处于运动状态。科学告诉我们，每种物质都由无数分子构成，这些分子无时无刻不在振动和运动，即使这些分子微小到我们无法用肉眼看到，即使我们无法亲自感受到它们的振动和运动。因此，不管是通过感官感受还是科学想象，对于我们能感知到的每一个物体，乃至整个客观世界，我们都可以说它们是运动着的物质。

我们不仅可以说，通过感观感受和科学想象，我们能够确认每个物体，乃至整个客观世界，即弧线的外弧一面包含的所有一切，都是运动着的物质；而且可以说，由于科学的进展，我们甚至可以得知，物质运动的许多规律。

首先，有一个普遍的因果规律：任何事情都不会无缘无故地发生。对于科学研究而言，这条规律的价值是巨大的。因为，即使我们不知道我们对一件事情感兴趣的原因是什么，我们也可以肯定它一定有一个原因。只要我们知道这一点，我们就可以继续探索，直到找到答案。正是这个信念支撑着科学工作者们孜孜不倦地进行探索工作。他们知道，每件事情的发生都有其原因，不论探索的过程多么漫长、艰辛，我们必然能找出它的原因所在。

其次，还有一个伟大的规律，叫作自然统一规律。正如因果规律所肯定的那样，每件事情的发生都有其原因，如果这个原因不受其他因素干扰，它必然会产生应有的结果，这就是自然统一规律。同样的原因总是或者倾向于产生相同的结果。

确实，自然统一规律阐释得更加透彻，因为它假定同样的原因会起到同样的作用。正是因为同样的原因始终在起同样的作用，我们才知道它们是如何起作用的。如果一个原因永远只能发生一次，如果各种不同的原因在每个不同的时刻导致的结果与之前都不同，与之后的结果也不同，那么自然统一规律对我们来说就没有多大用处了。在这种情况下，因果规律可能仍然是正确的，因为每件事情的发生都有原因。但是，如果每时每刻都有我们从未遇到过的新原因在起作用，那么自然律就也不复存在了，我们也就永远不可能预测接下来会发生什么。

但是，如果这些自然的一致性和普遍的因果规律是正确的，我们不仅能了解，或者说能弄清楚各种原因会导致怎样的结果，而且能发现我们周围各种事物产生的原因。我们就能够弄清楚，或者说科学能帮我们弄清楚，我们身处的这个世界是怎么变成今天这个样子的。这正是进化论想要告诉我们的真相。它揭示了各种各样的动物和植物是如何进化成今天的样子的，并一直追溯至它们最初的形态；它揭示了地球曾经是熔融体的形态——除了覆盖于表面的一层薄薄的地壳；它揭示了太阳系在更早的时期是一片混沌——虽然是一片混沌，但是那时的蒸气形态和如今的地球一样，都是运动着的物质。

进化论不仅告诉了我们事物的过去形态，还告诉了我们它们是如何演化成如今的形态的；它不仅告诉了我们周围事物产生的原因，还预测了各种原因将会导致的结果。地球和太阳最终必然会消耗完所有的热量，因为它们自身蕴含的热量正在快速地往宇宙中释放。地球最终会变得不适合人类居住，和如今的月球一样，因为它会被冻结，最终变得既没有热量也没有光。最终，它会变得同其他处于运动状态的黑色不可见物质一样，游离在宇宙之中。

上述这些物质全都遵循自然统一规律。总是同样的原因在起作用，这往往会导致同样的结果。自然界中没有绝对的自由，没有例外，也没有自发性，一切事物都遵循自然规律。所有事件只遵循一种轨迹，这条轨迹由因果规律和自然统一规律决定。要是我们现在就知道所有的原因，弄清楚了这些原因生效及彼此配合的方式，我们就能精准预测即将发生的每一件事。所有已经发生的、即将发生的事，都是完全确定的、无法撤销的，任何因素都无法改变它们。一切都是提前设定好了的，我们无法改变它们哪怕一丝一毫。如果我们能够改变哪怕一丝一毫，我们自身可能也将不复存在。

这个事实又将我们引到了一个基本的问题上，也就是我们在第一章开头讨论的问题：这一切对我们有什么益处？我们说哲学就是尝试去解答这一类问题，或者说至少在探寻存在这一类答案的可能性，而我们总是会忍不住发问：这一切到底有什么意义呢？它对我们又有什么益处呢？那么，我在上述文字中向你们阐述的哲学，能够在多大程度上回答这些问题？你们应该还记得哲学最初所做出的假设：真正的事物只指那些我们能亲眼看见、亲手触摸的东西。也就是说，唯一真实存在的就是运动着的物质。只有属于外弧一面的事物才是真实存在的；而属于内弧一面的事物，即我们的知觉、思想、情感，则不是真实存在的。

从经验出发，我们提出疑问：这一切有什么意义？它对我们又有什么益处？我们发现，在我们的经验中，唯一客观存在的只有运动着的物质。也就是说，根据我们所做的、所遭受的、所经历的一切，我们可以得出这样一个重要的结论：一切物质的运动都遵循自然统一规律和普遍因果规律。

当然，我们的经验远远不是上述一句论断就能概括的。我们的经验到底有什么意义？我们的经验中除了运动着的物质外别无他物。这一论断可能是对的，但不全对。对经验做的这个解释并不能令人满意。确实，它不算一个解释。如果要对经验做一个解释，那么就有必要证明它最终会给我们带来益处。如果它最终无法给我们带来益处，那它就是不好的，我们拥有的那些经验就没有任何意义。如果对于我们的经验存在一个令人满意的解释，那么这个解释就必须说明经验究竟能给我们带来什么益处。同样，那些无时无刻不在做无规则运动的物质，又能给我们带来什么好处呢？

哲学——唯物主义哲学——致力于对我们的经验整体做出解释，其解释就是我们的经验中除了运动着的物质外别无他物，我们的经验最终的结果只剩运动着的物质而没有其他存在。这个答案实际上并不十分令人满意，因为它无法回答一个非常简单的问题：经验对我们有何益处？但是，如果唯物主义做出妥协，愿意承认它不能看到的事物的全部优点，那么唯物主义很可能建立在了一个错误的假设之上。现在，唯物主义所立足的假设含有双重意义。首先，它假设我们看到、感觉到、触摸到、听到的事物都是真实的；其次，它假设那些事物是我们拥有的经验中唯一的存在。乍一看，我们周围的事物都是真实的，这一说法似乎并不是一个假设。事实上，它绝不是一个假设，而是一个简单的事实，我们周围的各种事物——墙壁、地面、桌子和椅子等，都是真实的。因此，我们暂时不讨论这一点，虽然以后我们可能还要回到这一点上来。

但是对于另外一层含义，即我们周围的事物是唯一真实存在的事物，又该如何解释呢？这明显是一个假设。在我们熟知的所有事物中，还有一些事物是真实的，但它不是物质，这种可能性是存在的，可信度也相当高。我们的思想、情感、想法和知觉都是十分真实的，但是我们不能看到或触摸到它们。我们可能会认为某一个想法极其伟大，却不能拿卷尺去测量它到底有多伟大；我们可能会认为某些论点极其重要，却不能真的把它们放在磅秤上去测量到底有多重；我们的思想和想法相当真实，然而我们无法用码尺去测量它们到底有多真实，也不能用指尖触摸到它们。它们虽不是物质，却如此真实。

物质是真实的，这一点可能并没有错，但是，物质是我们所认知的唯一真实，这一说法只是一种假设。我们在日常生活中所做的假设可能被证明是对的，也可能被证明是错的。当我们做了一种假设，我们认为它极有可能是正确的，但是我们不知道它将来能否被证明是正确的，只有经验才能够证明。我认为我的火车一定会准时到达，这是一个假设，最终可能是对的，也可能是错的，只有经验能证明它的对错。因此，我们在哲学问题上所做的假设与它们如出一辙：当我们提出假设时，它们看起来很可能是对的，但是，只有经验才能证明它们最终是对还是错。

因此，在哲学中，有些人假定在我们对这个世界的经验中肯定是存在意义的，我们的生活肯定有其好的一面。但是这个假设到底是对是错，还有赖于我们的经验去证明。同样，在哲学中，有些人假设物质不仅是真实的，而且是唯一真实的。至于这个假设能否解释所有的事实，只能由经验去证实。我们的经验中的快乐和悲伤，思想和观点，它们毫无疑问是真实的，但它们又不是物质；那么，只有运动着的物质存在且只有运动着的物质是真实的，这个假设显然不能解释所有的事实。在哲学中，我们所做的假设不仅要与我们的经验整体相契合，还要能对经验整体做出解释。

唯物主义理论是一个哲学理论。也就是说，我们在提出这个假设时，心里相信当我们验证它的对错的时候，它能契合所有的事实经验。如果出现一些毋庸置疑的事实经验无法与之相契合，那么这个假设就没有解释所有的事实，人们也就无法接受它是对我们经验的正确解释。唯物主义当然没有对所有的事实做出解释，只有我们人类才拥有经验，这是一个明显的事实。我们同时拥有产生经验的事物，这同样是再明显不过的。但是唯物主义者偏偏将拥有经验的人类弃之不顾，转而只关注其中的事物。正如我之前所说，唯物主义者只看到了处于外弧一面的事物——物质实体的世界，却没有看到内弧一面的事物——我们的思维、想法、知觉和情感。

唯物主义者从一开始就对它们视而不见，只承认物质和运动两个本原，也就是说，它从未解释过意识的存在。确实，如果它关于“只有物质是客观存在的”这个假设正确，那么由此推断的结论就是：我们的思想和观点，我们的快乐和悲伤，我们每个人独有的意识都不存在。但是，我们每个人都对自己的意识和自身的存在性深信不疑，从这一点可以看出，唯物主义者提出的假设并不正确，因为它不承认我们的情感和思想是客观存在的。这个假设的目的是对我们的经验做出解释，但它只解释了经验的其中一方面——弧线的外弧一面，物质实体的世界。而它对于弧线的内弧一面——主体的思想和知觉无法解释或并不做解释。

因此，对于唯物主义者并未做出解释的部分，如果其他哲学家尽力去解释，这也并不令人惊奇。唯物主义者推崇弧线的外弧一面，并对物质和存在物质实体的世界深入研究。只要他无视甚至否认内弧一面的存在，他研究得越深入，离自己想要的结果就越远。唯物主义者宣称物质，即处于外弧一面的物质，是唯一真实的存在。然而，由于我们每个人都具有的思想和观点、快乐和悲伤无疑是真实的，那么不可避免就会有一些哲学家转而去研究内弧一面，希冀在其中发现存在。这些哲学家推崇内弧一面，并在此方向上深入研究。现在，就让我们遵循这些人的脚步一探究竟。

我们很快发现，如同那些忘掉内弧一面的存在的唯物主义者一样，他们对内弧一面的研究越深入，就越容易忘记外弧一面的存在。然而，你很肯定那些你看到的、摸到的、感觉到的、听到的、尝到的和闻到的物质是真实的。在你看来，这似乎没有任何假设或推测。你的知觉、思想和情感是真实的，毋庸置疑，你坐着的椅子、躺下的地面、围绕在你周围的事物，都是物质性的、真实的。

你坚信物质的存在，因为你有感官上的证据。你能看到桌子，说明你有视觉；你用手在桌面上摩挲，你会有一种平滑的感觉；你用手按它，会感到阻力。一个橘子，当你给它剥皮的时候，你的嗅觉会发挥作用；当你把它放到嘴里时，你的味觉会发挥作用。高塔上的钟，当有人敲它时，你会听到声音。当然，味觉是从你的嘴里产生的，你没有味觉，就尝不出味道；嗅觉是从你的鼻子里产生的，而不是从玫瑰花中产生的；当有人敲钟时，听觉是从你的耳朵中产生的，而不是从钟里产生的，如果你聋了，那么不论钟敲得多响，你都听不见任何声音。所以，听觉感知存在于你的身体里，而非钟里；味觉感知存在于你的嘴里，而非商店橱窗中的李子布丁里。同样，如果没人闻到玫瑰花香，那么也就不会有味觉感知。

显然，当你闻到玫瑰的时候，你感觉到的是和玫瑰不一样的东西；当钟声响起的时候，你感觉到的是和钟不一样的东西。苹果的味道和苹果本身也不是一回事。当你有味觉、嗅觉和听觉时，它们就在你体内，而不在苹果、橘子或钟里。

当苹果或橘子放在你面前时，你就能看到它们。由于你能看到它们，你知道它们就在那里，是真真切切、客观存在的事物——眼见为实。但是你必须承认，你所谓的“看到一件东西”实际上指的是你拥有对它的视觉感知。视觉感知在你身上，而非在那件东西上。视觉感知和听觉、嗅觉、味觉感知一样——它们都在你身上，而非在其他事物上面。

你可能会说：“苹果就在我手中，我能感觉到它的存在，表面光滑，肉质坚硬。”是的，你能感觉到它。但是这意味着什么呢？这意味着你拥有某种知觉——对光滑的感知，对硬度和阻力的感知。你有感知或知觉，正如你拥有嗅觉、听觉、味觉和视觉一样。和这些知觉一样，对于光滑或阻力的感知也在你身上，并非在那件事物上面。你所拥有的全部知觉都无一例外源于你自己。

也许你会说：“真正的物质实体不在我身上，它们和我是彼此分离的，独立于我的身体和知觉之外，存在于其他某个地方的。”首先我想知道，“某个地方”是哪里呢？其次，它在哪里，这一点是否重要呢？

让我们再次以橘子为例。当你把它握在手中的时候，你的视觉、触觉、嗅觉和味觉都在起作用。但是你会说还有其他一些东西——构成事物的物质。那么这种“物质”是什么呢？你说它不是你所拥有的任何知觉，不是你的味觉、嗅觉、视觉、触觉，这些都属于知觉，而物质是不同于知觉的东西。好吧，那么，如果它不同于你所拥有的、或所能拥有的任何知觉，那它应该长什么样子呢？它能是什么样子呢？你又是如何知道的呢？在你周围所有已知的东西都是因你的感知而被了解。仔细想想你对橘子的所有认识，你会发现对于它的所有认识都是基于你对它的甜味的感知、硬度的感知、粗糙程度和光滑程度的感知等。

但是，你还是会坚定地认为，在这些知觉无法触及的地方，或就在这些知觉背后，还存在一些其他的东西，你将其称为“物质”，而这种“物质”不同于你曾拥有的任何知觉。它到底是什么？又会是什么样子的呢？你可能无法说清楚，但是你又要求我去相信它的存在，我怎么能相信呢？

举例而言，如果有人走到你身边，告诉你某个地方有一些任何人都无法看到、感觉到、摸到、听到、尝到、闻到的东西，但是他很确信这些东西就在那里，你会有什么感受呢？你自然会认为他在胡说。同样，当人们谈论“物质”的时候，他们真的知道自己在说什么吗？

无论如何，要想准确理解他们想要表达的意思并不容易。他们似乎认为，物质与人类曾拥有过的任何知觉都有着相当大的区别。但是，正如我们了解的那样，他们无法说清楚它到底是什么。他们和你一样，都很确信物质的存在，但如果我们换个角度，不说物质区别于人类所拥有过的任何知觉，反其道而行之，认为物质和物质实体刚好就是我们眼睛所能见到的东西，除此之外没有什么不同，这会有助于改善人们对事物的认知并使它们更容易被人理解吗？这样似乎可以解开所有的谜团，从而让一切变得简单起来。

我们拥有视觉、触觉、听觉、味觉、嗅觉这些知觉，当我们追问“物质是什么”的时候，我们得到的解释是：物质就是那些知觉，仅此而已。但是，如果这个说法成立，那么除了我们拥有的视觉、触觉和味觉等等各种感知以外，再也没有其他任何东西存在，如果是这样，那就没有“物质”。

我们将再一次推理出如下结论：要么物质并不存在，要么那些声称物质确实存在的人想要表达的意思难以理解。这让我想起了自己之前提出的另一个问题：如果物质不存在，会对我们的生活产生很大的影响吗？只要我能尝到食物的美味，并在饭后感到充满能量，能够补充足够的体力去工作，我就心满意足了。我不会因为物质并不存在而受到丝毫干扰。那些坚信物质存在的人不得不承认，有些东西正是因为没人能看到、摸到、尝到、听到、闻到，所以才不为人知或不可为人知。

现在，我并不认为自己之前所说的话足够让你信服物质并不存在，但是我希望它足够让你明白，如果有人问你："物质是什么？"这并不是一个容易回答的问题。物质不是你和我拥有的知觉或情感。以物体举例，比如一把椅子或一张桌子，我们习惯于将这些事物称为物体。当你反问自己实际上对它了解多少时，你会发现你对于它能描述的就是你能摸到、看到的各种确切的知觉。如果真是这样，你为什么还要奢求其他东西呢？除了你所拥有并了解的触觉、视觉、味觉和听觉等各种知觉，为什么你还要声称世界上存在一些你不了解的、所谓"物质"的东西呢？为什么不着眼于从经验中获得的、已知的世界呢？也就是说，你有感知，某些特定的感知还会共同发生作用，当你对黄色和球形有了一定的感知之后，你还会产生相应的、特定的味觉感知。不管你是否相信，除了你的感觉之外，还有一种神秘的东西，确实可以称为物质。正因为橘子是一种物质，因此它每次尝起来和闻起来都不会有太大的差别。

如今，有些哲学家声称，他们知道自己拥有各种知觉，除此之外他们不知道还有其他什么东西。他们坚持认为知觉是唯一真实存在的，他们又被称为感觉论者或感觉论哲学家。有时候，因为他们不相信物质的存在，但是又声称自己有知觉和意识，所以他们又被称作唯心主义者。当然，他们所有人都与唯物主义者相对立。

你应该还记得，唯物主义者认为只存在物质，运动着的物质，除此之外别无他物。而感觉论哲学家认为只存在各种知觉，除此之外别无他物。为什么他们做出了完全不同的假设呢？原因很简单，当我们对这个世界和生活的经验进行反思时，我们想知道它最终会产生什么样的结果，这个结果到底有什么意义，对我们又有什么益处。

很明显，当我们问自己，我们的经验有什么意义，它会导向什么样的结果时，我们并不知道它到底有什么意义，也不知道它究竟会导向什么样的结果。正是因为我们不知道，所以我们才不得不做出各种推测，设定诸多假设。当我们设定好了一个假设，或做了一个推测之后，就必须来验证它是否做到了我们计划让它达成的事情。也就是说，它是否真正对我们的经验做出了解释，是否向我们展示了它最终走向的结果。

唯物主义者假设只有物质和运动两个本原。显然，这个假设无法解释我们关于自身思想和情感的经验，因为它们并不属于物质，它们无法被放到天平上称重，也无法用尺子来测量长度。因此，唯物主义者关于只有物质存在的假设无法对我们所有的经验做出解释。物质是存在的且真实的，但我们自身的思想、情感、知觉和想法也同样是真实的。

与此同时，唯心主义者和其他流派的哲学家也提出了不同的推论或假设。他们称，我们可以假设知觉和想法是存在的。此外，他们还称，我们不妨假设只有知觉和想法存在，而没有物质或物体的存在。那么由此产生的问题是：那些唯心主义者引导我们做出的这些假设能否对我们的经验做出解释，能否帮助我们理解经验产生的结果。如果他们做不到，我们就不得不放弃，转而寻求其他的假设，同时希望新的假设能解释我们的经验整体，并向我们展示经验导向的结果。

每一条弧线都有内弧一面和外弧一面，失去了其中任何一面，另一面都无法存在。你可以只关注其中一面而忘掉另一面的存在，但是实际上另一面永远都在那里。同样，对于经验而言，一方面存在拥有经验的人，另一方面还存在这个人所拥有的经验。你可以只关注其中一方面而忽视另一方面，但是另一方面永远存在。唯物主义者关注的是弧线的其中一面，即物质实体的世界，而在关注这一面的同时，他忽略了弧线的另外一面。由此所推导出的假设就是：只有实体物质，即外弧一面是存在且真实的。这个假设没有将我们经验的另外一方面考虑进去——属于内弧一面的那一方面。这个假设没有对我们经验的另外一方面做出解释，因此，从整体上来讲，它无法做出一个令人满意的解释。

唯心主义者关注的则是内弧一面。他将目光聚焦于我们的内心世界，即思想、情感、知觉和想法。但是，在关注这些的同时，唯心主义者也忽略了弧线另外一面的存在。和唯物主义者一样，唯心主义者假设只有知觉和想法是真实存在的，即内弧一面，单独且真实存在。因此唯心主义者也没有将我们经验的另外一方面考虑在内——属于外弧一面的那一方面。由此看来，唯心主义者引导我们做出的这个假设也没有对我们外部世界的经验做出解释。正是由于它不能对我们的经验整体做出令人满意的解释，因此也无法为人所接受。

如果唯心主义者引导我们做出的推论或假设没有对我们的经验整体做出一个令人满意的解释，那它肯定是一个错误的假设。我们会在下一章深入讨论这一点。

如果将存在经历相关的人排除在外，那就不会有经验的存在了。可以说，其中的人和事就是一条弧线的内外两面。唯物主义者认为只有外弧一面，即物质和实物、运动着的物体——我们借以产生经验的对象，并且认为只有外部世界才是真实的。基于这个假设，只有我们看到和触摸到的实物才是真实的，这些实物依照自然统一规律和普遍因果规律运行和发挥作用。进化论就是基于这些规律和这条认为仅有物质才是真实存在的假设而提出来的。然而，唯物主义哲学虽然提出我们产生经验的对象全是运动着的物质这个假设，却并没有给出问题的答案，即我们的经验有何意义？它对我们有何益处？它只解释了我们经验的其中一方面——外弧一面，即物质实体的世界；而对内弧一面，即主体所拥有的思想和知觉，无法做出解释或根本不作考虑。

接下来，我们将关注另一批哲学家，他们认为只有内弧一面，即我们的知觉和想法是真实的。这批哲学家属于感觉论哲学家，也就是唯心主义者。对于物质的存在，我们有各种感官能够证明，也就是所谓的知觉。但是我们所有的知觉都在自己身上，而不在事物身上——那么，什么是“物质”呢？它不是你的知觉，而是一种不同于知觉的东西，或者说不同于你看到、闻到、尝到、听到的东西。如果你认为物质并不是你看到、感觉到、尝到、听到的东西，你认为物质并不存在，那么难道世界上真的存在我们感觉不到的东西吗？如果你的知觉让你看到一顿大餐，感觉到它的存在，尝到它，吃掉它，并消化它，之后你感觉神清气爽，那么你为什么要说除了知觉以外，还有一种神秘的东西叫“物质”呢?

我们再回到一弧两面的比喻上来：每一条弧线都有内弧一面和外弧一面。唯物主义者声称，假设在外弧一面只有运动着的物质存在，那么接下来他们就会认为内弧一面并不存在；而唯心主义者声称，假设在内弧一面只有我们的知觉和想法是真实存在的，那么接下来他们就会认为外弧一面并不存在。但是哲学的目的是找出各种假设，这些假设一旦做出，就要对经验整体做出解释，这里的经验整体包括内弧一面和外弧一面。如果唯心主义者提出的假设无法解释外弧一面，那么这个假设必然也是不成立的。

PHILOSOPHY : WHAT IS IT?

第三章

哲学怀疑论

哲学的产生伴随着这样几个问题：当我们对经验整体进行思考时，我们的经验是否有意义？如果真有意义，有什么意义？哲学若想回答以上的问题，唯一的方式就是对经验做出各种推论或假设，然后验证这个假设是否有助于我们理解经验整体，以及它对我们有何益处。

现在，当我们谈及经验的时候，我们指的不仅是经验本身的存在，还包括经历经验的人的存在。可以说，拥有经验的人和他所拥有的经验就像是一条线段的两个端点。如果我们愿意，我们可以将这两个端点分开讨论。我们不能将二者混淆，或将其中一端误认成另一端；我们也不能将二者割裂开来。我们不能将这条线段的其中一个端点拿走，将另一个端点留在原处。这两个端点无法分开存在，我们只能先关注其中一端，而暂时忽略另一端的存在。当我们关注其中一端而忽视另一端的时候，我们就被认为是在研究一个抽象概念。正如之前所说，所有领域的科学研究的都是这样的抽象概念。自然科学研究的是这条线段一端的抽象概念，如质量、光线、热量和运动等；人文科学研究的是这条线段另一端的抽象概念，如知觉、情感和意志等。当人们问道：我们的经验有什么意义？它最终会产生什么样的结果？一些哲学家盯着这条线段的其中一个端点说，除了运动着的物质，他们什么也没有看到；而另一些哲学家盯着这条线段的另外一端说，除了各种知觉，他们什么也没有看到。

唯物主义哲学家的假设是：这个世界上只存在运动着的物质。但是这个假设明显不能解释我们所有的经验，因为我们的思想、想法和知觉是确定存在的，而它们当然并不属于物质实体。感觉论哲学家的假设是：这个世界上存在知觉且只存在知觉。但是这个假设明显也不能解释我们所有的经验，因为我们确实生活在由各种物质实体构成的世界里。

感觉论哲学家声称我们的知觉是唯一存在的，我们周围的物质世界是不存在的。如果他这么认为，那么我们能肯定他说的“只存在知觉这类东西”是正确的吗？这是一个重要的问题，如果知觉这类东西客观存在，那么将产生一些非常了不起的结果。

首先，是否存在知觉这样的东西，这个问题乍一听似乎很荒谬，因为每个人都有视觉、触觉、味觉和听觉。但感觉论哲学家认为，不仅存在知觉，而且只存在知觉，它们能够独立存在，且始终独立存在。与这种说法如出一辙的还有：物体的质量不仅存在，而且能够独立存在，且一直以来独立存在。这两种说法同样的荒谬。比如，有些刀很锋利，但如果因此说锋利独立存在，而刀却不存在，这种说法也是荒谬的。同样，因为我们有知觉，所以知觉不仅存在，而且能够独立存在，这种说法也是荒谬的。当然，知觉本身是抽象的，并非实在，就像锋利也是一种抽象概念，而非某种能够可感知的具象存在。

但这只是感觉论哲学家们所做的假设，他们要求你相信知觉能够且确实独立存在，然后就能把经验作为一个整体来进行解释，并说明它能给我们带来什么益处。但对于我们来说，通过分析抽象而非实在的各种独立的知觉，根本不可能从中得到任何实在。因为知觉本身并不存在，它们就像数字零，在零的基础上再加上零，得到的结果还是零。然而，感觉论哲学家声称：如果我们假设人类经验的最终真相就是各种彼此独立的知觉，我们就能够解释经验整体。既然如此，我们不妨尝试这样假设一下。

当然，如果感觉论哲学家的这种说法是正确的，即知觉不仅存在，而且还是唯一的存在，由此推测，物质和物质实体是不存在的，那么我们会立刻对它做出让步。当我们将橘子握在手中的时候，一些特定的知觉，如触觉、视觉、嗅觉会起作用，我们会感觉到阻力和色彩，也会闻到橘子的味道。如果有人问，除此之外这个橘子本身还有哪些东西？得到的回答是这个橘子是一个实物，或由物质组成。那么，在只有知觉而无实体的假设中，这句话到底是什么意思呢？只能说这个问题太难回答了，我们会大胆地直面这个问题，然后又会将这个问题永久搁置下去。如果只有知觉存在，那么物质和物质实体当然不存在。从感觉论哲学家所做的假设中可以得出：处在外弧一面的物质世界并不是真实的，也并不存在。

如果感觉论哲学家所做的假设正确，我唯一能确定的一件事就是：我拥有各种知觉，我的知觉是存在的。我看到一个橘子，我确信自己拥有视觉；我触摸它，我确信自己拥有触觉；我吃掉它，我确信自己拥有味觉。但是如果我探究得再深入一些，说除了我的视觉、触觉和味觉等知觉以外，还有一个真实存在的橘子。那么，根据感觉论哲学家的观点，我就是在胡扯，我根本不知道自己在说什么。

按照感觉论哲学家的说法，这个真实存在的橘子只是我的感觉，除此之外别无他物。如果这是事实，我们不妨看看接下来会产生什么后果。假设我正在和你说话，我看到你，说明我有特定的视觉，这种视觉让我能够看到你；我听到你说话，说明我有特定的听觉，这种听觉让我能够听到你；我和你握手，说明我有特定的触觉，这种触觉让我能够感受到你握手的力度。我继续深入，并在心里告诉我自己，除了我自身拥有的感知外，还有一个活生生的人站在我面前，你是一个真实存在的人。

但是，如果我这么说，感觉论哲学家必然认为我在胡言乱语，认为这像我之前吃橘子时所说的话一样荒谬。在他看来，我并非在吃一个真正的橘子，而是我身上某些特定的知觉在起作用；我并非在和一个真实的人说话，而是我身上某些特定的知觉在起作用。如果某种情况下，我不是在吃一个真实的橘子，而只是拥有某些特定的知觉；那么在另一种情况下，我也只是拥有某些特定的知觉，而不是在和一个真实的人谈话。也就是说，不存在真实的橘子，只存在我身上的特定的知觉；我身边也没有真实的人，有的只是我身上特定的知觉。

那么，如果我们同意感觉论哲学家所做的假设，就可以得出如下结论：除了我的知觉以外，不仅没有其他任何事物存在，而且也没有其他任何人存在——只有我是唯一存在的人。

当然，当感觉论哲学家得出结论称桌子或椅子并不存在的时候，桌子或椅子无法反驳他们，因为它们并不是活物，无法意识到自身的存在。但你是一个活生生的人，当别人跟你说，你只是他拥有的某种特定的知觉，你其实并不存在的时候，你是可以表示反对的。你可以告诉感觉论哲学家，自己与桌子或椅子并不一样，你是真实存在的，你和对方是一样真实存在的。毫无疑问，感觉论哲学家会觉得这话有点道理，然后不得不承认你和他一样真实。你可能认为那样问题就解决了，但是实际上并没有。根据感觉论哲学家提出的假设，我们将进一步得出以下推论。

众所周知，感觉论哲学家曾说，我们拥有知觉。这个假设没什么毛病——我们都拥有知觉，这是千真万确的。感觉论哲学家又说，如果我们都拥有知觉，那就没有必要再假设有其他东西的存在了。如果我们拥有的各种知觉能使我们看到、触摸到、尝到一个橘子，当我们想要这些知觉的时候，我们随时都能拥有它们，那还有必要去假设除这些知觉之外还存在一个真实的、由物质组成的橘子吗？没有必要。如果我拥有的知觉使我能看到、听到、触摸到其他人，那还有必要去假设除这些知觉之外还有人的存在吗？感觉论哲学家会说，除了我自身的存在和我自己拥有的知觉外，根本没有必要去假设其他任何人和任何事物的存在。然而，你会说，我和你一样真实存在，我的知觉和你的一样敏锐。正如我们看到的那样，感觉论哲学家不得不承认这一点。你以为这样就解决了问题，实际上并没有，这恰好是意见产生分歧的所在。你对感觉论者说你和他一样真实存在，你们两个都是真实的人，他无法否认这一点。但实际上，他内心并不相信你是真实的；相应地，他必须承认，如果你不是一个真实的人，那他自己也不是。他不仅承认这一点，还对此深信不疑。

感觉论哲学家声称，你相信，或你认为你相信自身的存在和自身的实在性，但是你对自身是如何定义的呢？感觉论哲学家会说，我们不妨将这些概念捋清楚，看看我们用的这些词到底是什么意思。我们会发现，“自我”一词的含义与“物质”一词的含义并没有什么差别。

如果假设我们有知觉，那就没有必要再去假设真的存在物质实体——

如果我们有能看到一个橘子的知觉，能够感觉到、闻到、尝到它，那就没有必要再去假设除这些知觉外还存在别的东西。事实上，如果我们仔细想想，“物质”本身就是一个没有任何意义的词，它本来是什么意思呢？

有些东西完全弄错了。物质不是视觉感知、触觉感知、嗅觉感知、味觉感知或听觉感知，它不是我们所拥有的任何感知或知觉。感觉论哲学家认为，物质什么也不是。如果从一个事物中抽走我们所了解的一切，抽走我们对它所拥有的每一个知觉或感知后，还剩下什么？什么都不剩，这就是“物质”。

你将这个推理过程运用到自己身上，会得出同样的结论。

在你所有的知觉或感知中，你从未见过除视觉、触觉、听觉、味觉、嗅觉以外的其他东西，也没有发现过任何“物质”；同样，在你的视觉、触觉、听觉、味觉、嗅觉中，你从未见过除“自我”的感知或知觉以外的东西。就像“物质”这个词一样，“自我”这个词也仅仅是我们使用的一个单词而已。

感觉论哲学家大卫·休谟[①]对这一点做了清晰明了的陈述。他说[②]：“每当我深入研究所谓的‘自我’时，我总是会无意间发现对某些特定事物的感知，诸如热与冷、光与影、爱与恨、痛苦与愉悦。如果没有感知，我永远都无法了解‘自我’，除了感知，我永远注意不到其他任何东西……如果在经过认真且毫无偏见的思考的前提下，有人认为他对‘自我’有着不同的观点，我必须承认自己无法再与他理论……他或许理解到一些简单的东西，从而继续坚持他所谓的‘自我’，虽然我确定我自己与他并不一样。但是若将他这一类形而上学者撇在一边的话，我敢于对剩余的那部分人断言，他们什么都不是，而仅仅只是各种不同知觉的集合而已。”

因此，根据休谟和感觉论哲学家的观点，“自我”仅仅只是一个词汇，表示“各种不同感知的集合”，仅此而已，或者说就是指知觉。实际上，感觉论哲学家认为除了感知或知觉的存在以外，别无其他。虽然人们相信他们自身的存在性，也相信事物或物质的存在，但是休谟认为，事实真相就是物质和自身仅仅只是几个单词而已，并无其他深刻的含义，或者说，即使它们真的有深刻的含义，不管怎样，我们并不知道，也可能无法

---

① 大卫·休谟（1711—1776），苏格兰不可知论哲学家、经济学家、历史学家，被视为苏格兰启蒙运动以及西方哲学历史中最重要的人物之一。——译者注

② “有一些哲学家总是存在这样的臆想，认为我们每时每刻都能清醒地意识到所谓的自身；我们感受得到它的存在以及它存在的持续性，不需要任何证据来证明，我们很确信自身完美的身份性和纯粹性……但是，不幸的是所有这些积极的论断恰好又与为这些论断所辩护的经验相矛盾，在通过这样的方式解释之后，我们也完全不知道自我了……就我而言”等等。——原注

知道这些含义到底表示什么。

请大家记住，哲学的目的是弄明白我们对世界和生活的经验是否存在意义，如果真的存在意义，有什么意义。正是基于这样一个目的，哲学家们才做出各种推论或假设。感觉论哲学家称，我们不妨假设各种知觉是存在的，然后我们再来解释经验的意义，以及它所带来的益处。我们已经倾听了他们的假说，如果我们假定存在知觉这种唯一真实的东西——抽象的知觉、完全独立的知觉——那么就不存在人类或物质了。但是，我们可能永远无法弄清楚是否真的存在唯一的知觉，以及这些知觉的本质是什么。

上述所说的结论属于哲学怀疑论，即每个人都相信人类和事物的存在，但是没有人可以弄清楚他们是否真的存在，以及他们的本质是什么。这个世界只存在毫无关联、彼此独立的知觉，这是感觉论哲学家引导我们推理出来的逻辑结果。这个假设基于这样一个前提：要是我们承认这个假设，那么它就有可能解释经验的意义，以及告诉我们经验带来的益处。但现在我们发现，这个假设非但没有把我们的经验解释清楚，反而引导我们得出这样一个结论：如果存在拥有经验的人，也存在这些人所经历的事物，那么这些人是谁？这些事物是什么？

知觉当然是存在的，但并非只存在知觉，各种知觉也不是彼此独立、毫无关联的。“牙疼”不可能独立存在，与周围的一切毫无关联，就这样飘荡在空间中——这样的话就没有人能感受到它了。如果没人患有牙疼的毛病，那就不存在牙疼这种东西；如果人无法感知到各种事物，那就根本不会有知觉的存在；如果没有事物来让人们经历，也就不会有经验这种东西；如果人没有知觉，也就不会有经验，也就根本不存在经验和知觉这种东西。

但我们一直以来的出发点是，经验是存在的，哲学所要做的就是探究经验是否有任何意义，它会导向什么结果，它能给我们带来什么好处。很明显，如果存在经验，那么必然存在拥有经验的人，他是经验的主体，也就必然存在人所经历的事物，即经验的客体。它们相当于一条弧线的两个面，内弧一面和外弧一面，这两面可以区分开来，但是绝不可能割裂开来，更不能否认其中某一面的存在。

休谟确实否认其中一面的存在，他否认“自我”的存在。他说：“事实上，当我深入探索‘自我’的时候，我并没有发现‘自我’，我并不存在。”但是，如果没有“自我”，他是如何深入探索“自我”的呢？如果他声称自己并不存在这一说法是正确的，那么他“深入探索‘自我’”并发现了各种知觉，这种说法又怎么能是正确的呢？显而易见，没有人能在与“自我”不相矛盾的情况下声称自己“不存在”，如果他真的不存在，他就无法说出这番话。同时，当他说出“我不存在”的时候，他与“自我”是自相矛盾的。也就是说，他这样说就是错误的，事实上他是存在的。

当他正在与你交谈，与你争辩的时候，倘若他说你无论如何都是不存在的，那该怎么办呢？好吧，他又自相矛盾了。他说："我正在与你辩论，我很清楚你说自己存在是什么意思。现在我告诉你，你并不存在。"事实是，如果你不存在，他不可能和你说这些话，但实际上他正在跟你说这些话。所以，当他尽力说服你相信你自己并不存在的时候，他再一次自相矛盾了。如果你确实不存在，那他就不可能说服你；如果他确实说服了你，那他也是错的，除非你在那里接受他的说服，否则他根本就无法做出说服你这一行为。因此，他声称弧线的其中一面并不存在，这一说法是完全错误的。

同样，当他声称弧线的另外一面，即我们所经历的事物和属于经验客体的那一面并不存在的时候，他也是错误的。休谟说："我们不妨假设事物或客体并不存在，存在的只有彼此相互独立、毫无关联的知觉。"假设没有真正的橘子，只有我们对颜色、形状、触觉、味觉和嗅觉等各种独立于外物的知觉。当然，如果确实没有真正的橘子，那就真的只有气味、味道、颜色、形状和触感，这一点我无法否认。

然而，如果正如你、我和其他人相信的那样，存在一个真正的橘子，那么它所具有的各种不同的属性，如颜色、形状和气味等，都属于这个橘子。它们只在这个橘子身上显现出来，这个橘子是唯一一个能使这些属性显现的东西。但是，如果没有一个真正的橘子能使这些属性结合在一起，那么知觉，或者说颜色、气味和味道等属性，就不是结合在一起的，而是如休谟所说，是彼此独立、毫无关联的。

根据他的观点，虽然各种知觉彼此独立，相互之间毫无关联，但是他仍然承认当我们拥有了其中一种知觉以后，还希望拥有其他的知觉——当我们拥有的视觉使我们看到一个柠檬，或看到某人吃一个柠檬，我们的口水就会流出来，或者说我们至少有那种几乎能尝到柠檬酸味的感觉。

因此，事实就是这样，休谟称，假设各种知觉之间彼此独立且毫无关联，那么，当我们看到一团火焰，或者说当我们有了一种特定的视觉感知，这时我们靠近这团火焰，没有什么真正的理由能解释我们为什么会产生其他特定的知觉，即温暖的感觉。我们会问休谟，如果没有什么真正的理由来解释为什么这两种知觉会联系在一起，那么，为什么当我们有了另一种知觉以后，又期盼这一种知觉呢——当我们看到火焰，为什么我们会期盼温暖呢？当然，我们会说，我们期盼它们共同产生的原因就是：它们本来就是联系在一起的。但休谟认为，这两种知觉是彼此独立的，不管怎样它们都没有任何关联，上述事实只是因为你已经习惯于认为它们彼此紧密联系，但那仅仅只是一种习惯，别无其他。

休谟称，你已经习惯于在感知到一种知觉以后再去期盼另一种知觉，但是这种习惯和期盼都在你身上，在你的大脑里，而不在知觉上面。这种联系存在于你的思维里，这些知觉之间本身并没有联系，正如他一直所说的那样，这些知觉就是彼此分开、毫无关联的。休谟常说：“我们不妨假设，各种知觉是彼此分开、毫无关联的。”当你说：“但是它们并不是彼此分开的呀，每当我看到一团火焰，我就会发现它是热的。”他会说：“啊！那只是你形成的一种习惯而已。”

那么，事实就是一直以来，休谟都在回避问题的实质。问题的实质在于是否有火的存在，实际上休谟已经说过了，但是你可能并没有注意到。我们假设没有火的存在，只存在各种知觉，这些知觉能使我们看到一团火焰，同时感觉到温暖，那么，针对这个假设，我就能让你相信没有火的存在。自然，如果你从一开始就承认没有火的存在，那么到最后你就不得不承认没有火的存在。但是没有火的存在，这一说法从一开始就只是休谟引导你做的一个假设。他要你这样做的理由是，他能够借此做一个哲学家该做的事情，即对我们的经验做出解释，然后告诉我们经验的真正意义。如果他真的这样做了，那我们理所当然地就会产生这样的思维：虽然看起来不太可能没有真正的火焰，但它可能在假设中存在。

而一旦做出假设称没有真正的火焰，也没有任何真正的实物，那么会由此得出什么样的结果呢?

这个结果可以说相当顺理成章，充满逻辑性，而且正是我们期盼的结果。如果我们从一开始就假设这个世界上真的只存在彼此独立且毫无关联的知觉，那么我们最终也必须相信这些彼此独立且毫无关联的知觉的唯一存在性，且没有其他真实的事物或客体，比如一团火、一个人，而且不仅如此，只要是理性的人都不可能相信存在任何实物或任何真实的人。简单地说，任何理性的人若一开始就认为没有真实事物的存在，比如火的存在，如果他遵循逻辑一致的原则，他就必须自始至终认为没有真实事物存在，即弧线的外弧一面所在的实物世界并不存在。

但是，若假设这些彼此独立且毫无关联的知觉是唯一存在，一旦到了验证其结果的时候，没有哪个理性的人会同意这个假设。人们想要的是一些能够对经验做出解释的假设，如果休谟和感觉论哲学家做出的这样一个假设得出的结论是：经验根本没有任何意义，那么理性的人们就会抛弃这个假设，转而去寻求其他的方案。

那么，我们能从休谟和感觉论哲学家身上学到一些有用的东西吗？答案是肯定的。我们学到的是：如果我们从一开始就否认外弧一面的存在，即属于实物的外部世界的存在，比如火的存在，那么我们就绝不可能对事物做出正确的解释。那么，如果我们想知道我们的经验最终会是何种结果，它有何意义，于我们又有何益处，我们必须从一开始就假设外弧一面的真实性，假设实物是确确实实存在着的。

那么内弧一面又是什么样的呢？好吧，正如我希望你们记住的那样，我们发现有些科研人员，就其个人而言，从一开始就假定我们周围的事物以及他们试验的对象都是真实的，且是唯一的实在，当然，这些事物只限于他们观察到的事物和做实验的事物。还有一些人们没有观察到的或想象不到的事物，对此自然科学拒绝与之存在关联。科学只研究能够映射到思维中的事物，思维对于科学至关重要，没有思维，科学就无法进行。外弧一面，即实物的世界，也是科学必不可少的；而内弧一面，即那些实物得以映射的思维，同样也是科学必不可少的。

为什么这样说呢？很简单，一弧分两面，少了其中任何一面，另外一面都无法存在。适用于科学的道理同样也适用于所有的认识和所有的经验——肯定存在一个认识事物的主体，也肯定存在一个他所认识的客体。缺少了其中任何一个，另一个都不会存在。我们可以将其中一个单独提取出来，在我们对这一个进行研究的时候，我们可以忽视另一个的存在，但是另一个仍然一直存在于那里。

没有认知能力的思维不能称之为思维——如果它对任何事物都毫无意识，就不能称之为意识或思维。如果一个人无论如何都不知道一个东西的存在，那他就不能断定这个东西的存在与否。很明显这并不是一个认识对象，因为没有任何人知道这样一个东西是否存在；如果没有人知道这个东西存在与否，那么它对于解释经验就没有任何用处，也不会对其他目的有何益处。因此，如果那就是物质所表示的含义，甚至没有人知道这样一个东西存在与否，对此人们也不可能断定它就真的存在。如果真的有这样一个东西，那么它对我们也是毫无用处的。

如果有人告诉我们存在一个思维无论如何都无法认识的事物，或者说存在一个思维并不知道是否存在的事物，我们可能会对他说这样的话——若是果真这样的话，那么请你告诉我，你是如何知道真的存在这样一个东西的呢？他当然无法回答这个问题，原因很简单：他就是在胡言乱语。那么，如果我们起用“物质”这一个术语，然后给它注入内涵意义，一方面至少它肯定能指称我们认识的事物，而对于我们永远无法知道的事物它则无法指称；另一方面它所指称的事物肯定是一个认识的对象，是我们能够轻易发现的事物。从这个意义上来说，作为一个属于认识对象的事物，它代表的是外弧一面。外弧一面可能与内弧一面存在差异，但是它们二者永远无法割裂开来。

感觉论哲学家一直致力于对经验做出解释，如果我们依赖于我们的五官感知，并假设只有这些知觉的存在，以这个假设为基础得出的结论就是：当我正在和你交谈的时候，我拥有各种特定的知觉，诸如视觉、听觉等，但是除了这些知觉独立存在之外，你并不存在。正如感觉论哲学家做出的另一个论断：当我正在吃一个橘子的时候，除了我拥有的特定知觉以外，真正的橘子并不存在。如果你坚持认为自己存在，就像那个说你不存在的感觉论哲学家一样真实地存在着，如果你仍然坚持你自身和他自身一样真实存在，而他的回答则是他找不出任何理由来解释他自身的存在，也找不出任何理由来解释你自身的存在；“自身”仅仅只是一个单词而已，就和“物质”这个词一样，没有任何附加意义。他也没有理由能理解任何一个人或任何一个事物的存在。

因此感觉论哲学家从一开始假设各种知觉的唯一存在性，非但没有解决哲学的问题，没有对我们的经验做出合理的解释，反而最后以哲学怀疑论告终，以怀疑或否定人类和事物的存在性而告终。

但是这个持怀疑态度的结论完全就是自相矛盾的，因为它要求我们说：“我知道我并不存在。”而如果我不存在，我就不会知道我不存在这一点，也无法认识其他任何事物，然而，如果我确实存在，那我若是还说自己不存在就是自我矛盾了。

同样，这条怀疑论还要求我们说：“我知道事物并不存在。”但是这也是一个自相矛盾的说法，因为如果事物真的不存在，我对它们就一无所知，甚至不知道它们是否存在。而如果事物是我所知道的，如果有什么事物是我所知道的，那么如果我说：“我知道事物并不存在。”那我就自相矛盾了。

弧线的内外两面都是我们所认识的，这是一个简单而明显的事实，虽然我们对这两面的认识还不算太深入。我们知道自身或主体是存在的，也知道事物或客体为主体所认识。虽然外弧一面与内弧一面存在差异，但是它们二者却无法被割裂开来。

最后，若想否认弧线其中一面的存在而不否认其另一面的存在，这是不可能的。你可能会否认其中一面的存在，一开始也没有注意到另外一面，一旦你真的这样做了，实际上你就是否认了另外一面的存在。但是，当你认识到这一点时，你只能在两个选项中选择一个：要么你必须同意怀疑论者的说法，即弧线的两面都不存在——物质不存在，意识也不存在；如果上述说法看起来太过荒谬，你就只能同意弧线的两面同时存在——不仅认识事物的人存在，而且人们所认识的事物也存在。简而言之，你必须放弃怀疑论转而依靠自己的常识来判断。

PHILOSOPHY : WHAT IS IT?

第四章

哲学实践论

在不同的时代，哲学的形式有所不同，但它们均建立在某种假设之上，并由这些假设发展而来。这些假设以经验为基础，最终反过来促进经验的发展。哲学怀疑论也属于哲学形式的一种，也是对经验所做的一种假设。该假设认为，经验在本质上是不可知的。这种怀疑论显然有些极端，是站不住脚的，因为经验并不是完全不可知的——我们可以在日常生活中研究经验，且先前已经有了许多成功的案例。怀疑论者认为，有些事情是任何形式的哲学都无法成功做出解释的，这并不是走极端，它的存在对于防止哲学陷入教条主义是十分有必要的。怀疑主义的价值在于，它时常会以十分尖锐且令人不快的方式提醒哲学：没有哪种形式的哲学能解决所有问题；如果哪种形式的哲学因此停止了探索和发展，那么它不仅本身是毫无用处的，而且还会阻碍哲学整体的发展。

我们用以检验唯物主义哲学和感觉论哲学的假设，就是假定经验是可知的，并且在某种意义上是一个整体，这一经验整体不仅有意义，而且对我们有益处。但它对我们到底有什么益处？这个问题当然值得思考，迄今为止我们对此未做任何解释，因为我们一直都在验证感觉论主义和唯物主义，它们坦诚表示，自己思考的范围只局限于什么是存在、什么是实在这类问题，并没有继续深入去探索运动的物质有何益处，以及各种独立的知觉有何益处。显而易见，我们在经验中不仅发现了物质和意识，或者说主体和客体；而且还发现了行为和意志。

因此，如果哪种形式的哲学声称它们能对经验做出解释，那么它不仅应该对认识和存在做出解释，而且应该对行为和意志做出解释。当我们产生某个想法并付诸实践时，我们必然已经预见了某种结果，同时期望能得到最好的结果。因此，哲学应当考虑的是，在我们的经验中，是否真的存在任何目的和好处，如果真的存在，那么它究竟是什么。正如前文所说，我们所进行的假设是，我们的经验，我们的整个经验，会导向某个好的结果，就像我们假定经验必有其意义一样。

你会发现，从这个观点来看，在这个假定下，哲学是非常实用的。我们想要知道经验到底有什么意义——它最终会导致什么样的结果，它试图或最终会给我们带来什么好处。在一开始哲学便从如下几个问题着手分析：经验到底有什么意义？它最终会带来什么样的结果？它对我们有什么益处？这些都是很实用的问题，而试图在言语或行动上回答这些问题，就是实践中的哲学。

总之，哲学是实用的。哲学不像科学那样处理质量、热、光之类的抽象概念；哲学处理这些抽象概念时，不仅把它们看作与事物无关的存在，而且认为这些抽象概念可以不被定义它们的人所知，从而单独存在。

同样，哲学也不研究诸如认识和存在这样的抽象概念；当然，前提是认识和存在仅限于其本身的字面含义。哲学是实用的，它研究的是生活，是认识和存在的表现及实际经验，也就是说，它研究的是充满经验的生活本身。

哲学的目的不仅仅是构建一个真理体系——为了达到这个目的，哲学就不得不把认识和存在视为脱离我们实际生活的事物，因为我们实际上生活在这些事物之外。如果它真的这样做了，那它就不是在构建一个真理体系，因为它将忽略一个最重要的事实——我们实际生活中的事实。如果哲学只是将注意力局限于认识和存在上面，那么它将获得片面的、不完整的、抽象的真理。更确切地说，由于哲学有时候确实将注意力局限于认识（认识论）和存在（本体论）上，因此哲学所获得的真理是片面的、不完整的、抽象的。这与科学获得的真理相似，但还是有一点差异，那就是科学只研究物质的存在，或只研究物质本身，因此科学所获得的真理就更加片面和抽象了。

活生生的真理指的是能够付诸实践的真理。我给你一枚硬币，然后问你它是不是一枚金币。你看着它说是。现在，如果你愿意给我二十先令（一枚金币的价值等于二十先令），那么你刚才所说的话就是一个活生生的真理——随时准备行动，必要时付诸行动。如果你说这是一枚金币，但是不愿意返还给我二十先令，那么你的话就不是一个活生生的真理。

哲学的目的就是提供一个活生生的真理，一个能为你的生活和行为提供指南的真理。在实践中，哲学不仅仅是一套真理体系，而是一个行动指南。这个真理是抽象的，也是活生生的。也就是说，它不仅是关于“是什么”的真理，而且是关于“应该是什么”的真理，是唯一能够使人们活下去的真理。当一个人开始行动时，他肯定是打算做某件尚未完成的事情；而他之所以想这样做，是因为做这件事情对他有益。他有一个想要实现的目标；而他之所以想要实现它，是因为他认为这样做对他有益。他所追求的目标和想要获得的好处是一回事。但他必须事先知道他所要追求的目标、想要获得的好处，否则他就不可能奔着这个目标、好处来做这件事，也不会产生想要完成它的意愿。这件事既然能为他所知，那么它必然是现实的、存在的；但是，作为他正在从事和决心要完成的事情，这件事情肯定还没有达成、没有实现。因此，他所预见的结果和好处都是真实的，因为这是他已知的、有意追求的；但它还没有完全实现，因为他还在做，还没有完全完成。

这就是对我们的生活，乃至整个生命进程的特点的描述。在我们积极的一生中，我们每时每刻都忙于一些尚未完成但正在被完成的事，但这些事始终没有结果，它的好处也就永远不会被实现，而是永远处在正在实现的过程中。结果和好处永远没有完成的那一天，它们永远处在即将完成的过程中。正是因为我们的生活由这些组成，所以才有了延续性。我们无时无刻不忙于处理尚未完成的事情，我们总是处在处理尚未完成的事情的过程中，正是这些原因推动着我们的生活持续向前。人生的工程是美好的，你努力实现，但总是能发现尚未实现的目标。

在某种程度上，在某种意义上，好处是存在的，你也知道这一点，否则就不会瞄准它并努力追求它了。你的意志决定了要去追寻它，然后你朝着这个方向付诸实践；在某种程度上，你正在实现它。无论你在做什么，都努力去做，是因为你认为它是好的，认为自己应当这样做，认为自己能够做到。如果你认为做这件事不好，或者你认为自己无法做到，你就不会尽力去完成它了。

我们生活中的每时每刻，都在致力于完成尚未完成的事情，我们尽力去做某件事，是因为我们认为自己能够做到，我们认为自己做这件事是合适的、好的。那么对于从来没有真正完成、永远处于即将完成状态的人生来说，它的结果又会是什么呢？或者说它会带来什么好处呢？我们生活中的经验，它的意义是什么呢？它又能给我们带来什么好处呢？我们对此只是或多或少有所发现，却从来没有完全揭开它的面纱；我们也或多或少地获得过一些好处，却不知道我们还能获得什么。

上述这些正是我们在第一章就提出的问题，也是哲学一直试图回答的问题，它们都是很实际的问题。不仅如此，每个人似乎都在根据自己生活的方式对这些问题给予合适的回答。就算有人能给出一个合适的答案，他也几乎不会去思考这个答案究竟意味着什么，或这个答案正确与否。如果他坚持思考这个问题，他就成了一名哲学家，并会尽力为这些问题构思答案。

然而，如今我们发现，经验不仅仅指我们经历过的事情，还包括我们所做的事情。与其说重要的问题是经验的本质是什么，或我们经历的究竟是什么，还不如说是我们应该做什么。关于我们的经验，一条最基本的事实是：在我们有意识的生活中，我们每时每刻都在尽全力处理事情，或处于处理事情的过程中。

还有一个最重要的问题：我们一直以来致力于去做的事情是否正确。如果我们想回答这个问题——实际上我们确实想回答这个问题，那么，鉴于我们本质上都是“哲学家”，或者说，鉴于我们都是在实践中获取认识的人，我们只能将目光聚焦于经验。只能向经验寻求答案，我们只能向那些始终尽全力去完成某件事，或处于完成事情的过程中的人，从他们所拥有的经验中寻求答案。这是事实，也是我们已知的唯一方法。

经验不仅仅是认识，或存在的认识，它由某个有意识的人尽全力所做的事情，以及始终处于持续完成过程中的事情共同组成，它包括意识状态和意识过程。

当我们主要关注认识和存在的问题时，我们必须对在前几章里采用的关于经验的观点进行更正。这些问题是：运动中的物质是否存在，脱离了认识的存在是否是一个可知的命题，各种知觉能否独立存在而不为人所知。

在之前几章里，我们假设认识和存在是密不可分的，就好像是一条弧的内外两面。我们并没有将实践一同考虑在内，但我们坚持这样一个假设：经验其实是一个整体。从逻辑上看，我们一定要这样做，因为我们的目的就是弄清楚该如何解释经验整体——作为一个整体，它是否存在意义，是否能带来好处。我们承认，经验由两个方面组成——意识和物质，也可以说是认识和存在或主体和客体。外弧一面属于物质实体的世界，内弧一面则是思想和知觉的世界。科学每天都在通过同一个体系内的物质实体来证实外弧一面，使它变得越来越可信，同时也让人们更加相信，对属于经验的外弧一面构成一个整体的假设是有其理由的。

但是内弧一面又该如何解释呢？这一面包括思想、知觉、情绪、激情、渴望。这一面所包含的显然不止一个人或一个人的意识，而是组成人类这一种族的所有人类个体以及他们的所有意识。我们甚至能在这里发现，人类个体以团结为一体的形式存在，并在某种程度上构成了一个整体。

首先，我们彼此之间并没有完全切断联系，我们有共同的思想，可以互相交流。我们有或可能有共同的目的。我们能或可能采取共同的行为来实现这些目的，实现我们共同的想法。在很大程度上我们彼此依存，为彼此而活。确实，如果不是这样，根本没有一个人能够活下去。

我们能够深入理解彼此的思想，这句话可能比我们想象得还要贴近真实。当我们这样做的时候，换位思考一下，我们会发现彼此之间的差异少得可怜——尽管还是存在一些明显的差异，但不管怎样，我们终究都是人类。有这样一种纽带，它能够将具有内弧一面的所有个体联结起来。

虽然我们或多或少会发现，在某种程度上，处在内弧一面的事物构成了一个联合体，其中包含了无数个个体成员，而处在外弧一面的事物可能构成了一个体系，如果真是这样，那么我们目前所知的事物就构成了两个整体。我们最初提出的假说是：假设经验构成了一个整体。因此，如果我们要假设经验构成了一个整体，显然我们就必须放弃以弧线所做的比喻，也就是说，我们必须承认，当我们在经验中只看到认识和存在这两样东西的时候，我们就画了一条分界线，将经验分成认识和存在，一边置于内弧一面，另一边置于外弧一面。但随后我们又发现，我们是活跃的存在者，在我们有意识的生活中，每时每刻我们都致力于完成某件事，或处于完成某件事的过程中。这时，我们就无法继续维持这条分界线。这就是经验的特点，实际上也是它的本质——经验由意识状态和意识过程组成。如果我们假设所有的经验是一个整体，虽然这个整体由无数个部分构成，但它必然因某个至高无上的存在者的存在才能存在，也必然被这个存在者的意识所认识，这个存在者同时也是全知全能的、完美无缺的——我们暂且将这个存在者称为“上帝①”。只有对上帝来说，真正的存在和对整体的全部认识才是可能的。因此，当部分人意识到，如果没有整体，自己就不可能存在时，他们会宣称：“没有你，我就不能生存。”他们对上帝说：“我们在您的庇荫下生活，因您的指引而行动，因您的存在而存在。”

因此，当我们验证所做的假设，即经验是一个整体，经验存在意义和益处时，我们发现这个假设需要一个先决条件：假设上帝存在且有意志。只有遵从上帝的意志行事，我们才能获得好处。

这样看来，哲学是实践性的。它研究的不是抽象概念，而是人们实际经历的生活以及人们本应经历的生活。我们无时无刻不在致力于完成某件事，以及处于完成事情的过程之中。作为正在实践的人，我们就是哲学家——虽然我们不懂哲学。但是，只有当我们是哲学家，且是有意识的哲

① “上帝”在本书中，也就是在西方哲学中是一个重要符号，代表一种至高而完美的存在，它全知全能，绝对正确。这一概念与宗教中的“上帝”和日常生活中的神灵有本质区别。——译者注

学家时，我们的所作所为才称得上是真正的实践。

即便如此，对于我们所做的大部分事情，我们仍不知道它最后会产生什么样的结果。蒸汽机引犁是由早期的犁演变而来的，而它们二者又都是最初使用的挖掘棍的后代。第一个使用挖掘棍的人并不知道它最终会演化成什么样子。因此在很大程度上，作为积极的、有意识的存在者，此时此刻，我们同样不清楚，我们尝试去做的事情，或正在做的事情，最终会产生什么的结果。如果世界上只有你和我是有意识的存在者，或者说如果所有有意识的存在者都像你和我一样，对经验的意义以及在经验中获得的好处一无所知，那么这种无知是很可怕的。我们要相信，经验并不是捉摸不透的。

哲学假设经验含有某种意义，并且会带来某种好处，但这个假设并没有多大的价值。只要它仅仅是一种假设，它就没有任何实际的力量。除非它不仅能被人认识，还能被人感知，否则它就不是实践的哲学或实际的经验，而仅仅是从经验中提取出来的一个抽象概念。它和另一个抽象概念——物质一样，是没有生命的；也和另一个抽象的概念——彼此独立、毫无关联的知觉一样，是没有意义的。如果这个假设不仅是一个已知的抽象概念，而且是一个可被人感知、可以实现的实在，那么对于那个能够感知它、实现它的人来说，其内心必然与上帝心意相通。

我们从一开始就着手分析的问题是：经验到底有什么意义？它最终

的结果是什么？对于我们有何益处？我说过，哲学就是弄清楚这些问题是否存在答案，如果真的存在，答案是什么。我还说过，为了弄清楚这些问题的答案，我们可以按照自己的意愿做出各种假设和推论，不必有任何顾虑。唯一需要遵守的规则是：由于我们所做的假设或推论只用于对经验做出解释，不用于其他目的；因此一旦某个假设无法对经验做出令人满意的解释，它就必须被马上废除。

随着经验的不断增长，我们所做的每条假设并非都是最终假设，而只能视为临时性的假设，即使它看起来能够解释当时所有的事实。但是，即使某条假设确实能够对已知的所有事实做出解释，它也无法让所有的哲学家都满意。这也是哲学如此有趣、如此令人兴奋的原因之一。当你有了一个自己非常信服的假设，为了避免你在兴奋过后无所事事，我将陈述一两个不同的观点。

哲学家会做出各种假设，而所有假设都要接受经验的检验，有些假设在检验之下是失败的。一个由普通人提出，后来被科学采纳的假设是：无论人们是否意识到物质和物质实体的存在，它们都是存在的。这个假设遭到了许多哲学家的质疑，他们认为，只有已知的或能够被人认识到的事物才是知识的对象，而知识的对象只是因为被人认为存在而存在。不论人们有没有意识到物质和物质实体的存在，它们都是存在的，其实，这个假设还蕴含着一个深层含义，即这些物质实体存在于空间之中。如果这个假设成立，那么它至少应该是一个可以理解的假设，与它自己和我们所做的其他假设相一致。

但是当我们对空间的概念进行验证时，我们发现它与自身并不相一致。首先，它与自身相矛盾，这是因为我们并不清楚空间是否是无限的；反过来想就是，空间不可能同时是有限的，又是无限的。那么，如果我们假设空间真的存在，就会发现我们必须自相矛盾，一面称它是无限的，另一面又称它是有限的。它在这两种情况之间依次转换，但不可能将这两种情况同时显现出来。因此就出现了另一个假设——空间只是一个表象，而非实在。

其次，我们为了表达空间存在的假设而使用的专业术语——“这里”和“那里”，是互相矛盾的：“这里”意味着“不在那里”，“这里”可能指“这个房间里”“这个国家里”“英格兰北部的这里”“英格兰的这里”“世界的这里”“空间的这里”——除了“这里”我们无处可去，因为根本没有“那里”。“这里”已经将“那里”包括在内了，它们互相矛盾。万事万物都包含在“这里”里面，而没有“那里”的存在。

我们还可以用“这里”指这个房间，这张桌子，这张纸，纸上的这个单词，单词里的这个字母，字母“i”上的这个圆点。这个圆点没有实际范围，它的内部什么都没有，也没有空间容纳任何东西。换句话说，它根本就不是空间，因为空间的内部应该是可以容纳事物的。因此，“这里”的概念与“空间”自相矛盾。

尽管这种假设很可能存在分歧，可你仍然相信空间是真实存在的。这个假设之所以被提出来，是为了解释另一个假设——无论它是否有意识，无论上帝是否承认，物质实体都是真实存在的。

空间的话题就说这么多，接下来我们来聊聊时间。

同样，如果我们提出一个假设，那么它应该是一个不自相矛盾的假设；如果这个假设自相矛盾，那么它肯定是哪里出了问题。现在让我们来看一下关于时间存在的假说。我们知道存在过去的时间、现在的时间和将来的时间，也可以说存在“现在”和“非现在”。这两个术语就像“这里”和“那里”一样自相矛盾。为什么呢？我们对“现在”是如何定义的呢？很明显，如果没有“那时”，就不会有“现在”——如果没有“过去”和“未来”，就不会有“现在”。但是“过去”已经不存在了，“未来”还没有出现，也就是说，“过去”和“未来”都是不存在的。但是我们刚才说，如果没有“过去”和“未来”，就不会有“现在”；反过来，当“过去”和“未来”都不存在，“现在”又在哪里呢？

如果我们深入思考，“现在”这个词究竟是什么意思，或许我们能对它有着更深入的理解。“现在”指的是现在的时间，现在的一个小时，现在的一天，现在的年代，现在的世纪，现在的制度。只要我们能想到，“现在”所涵盖的范围就能有多广，同时它还能将每一个出现在它之前的“那时”包含在内。可以说，每一个存在的事物，每一件发生的事，都在产生“现在”。“现在”这个术语，它意味着现在的时间，现在的一小时，现在的一节课，现在的一分钟。但是，现在的这一分钟包含六十秒，可“现在”也能表示当前的这一秒，早在你将这句话说出口之前，这一秒就已经过去了。可以说，现在的时刻就好像一条线，将过去与未来切分开来。而这条线，正如你们所知，是没有宽度的长度。没有宽度的长度是什么呢？根本没有这种东西，它只是横亘在过去和未来之间的一条虚构的线。但过去和未来也不存在，一个已经结束，不再存在；另一个还来不及存在，因为它尚未变成存在的状态。时间的分界线——过去、现在和未来之间的界线以及它们自身都是虚构的，它们是我们为存在划分的几个区间，但它们仅仅是一个假设，一条自相矛盾的假设。我们相信所有的事物——包括那些我们称之为现在的东西和那些我们称之为未来的东西——都为上帝所知，但这个假设与我们的这份信仰也是自相矛盾的。

显然，不同的人可能对这个假设有着不同的意见。我们能否真的坚持这个假设，我们能否真的理解这个假设，它到底是不是自相矛盾的？

似乎只有现在是存在着的，现在是一条横亘在过去与未来之间的虚构的分界线。现在从过去开始，然后过渡到未来，过去和未来不可能同时出现。同样，我们发现空间看起来既是有限的，又是无限的，时间也是如此。因此，我们不得不面对表象与实在的关系，以及我们该如何理解这两个术语——哲学家们对于这一要点存在相当大的分歧。

同一个事物，不同的人从不同的角度来看，会呈现出极大的差异；就像一栋建筑，人们站在不同的方位去看它，它呈现出来的形象各有不同。

一个事物，从一个角度看，看到的是其中一个方面；从另一个角度看，看到的又是另一个方面。一个罗盘，从六十四个方位看过去，能看到六十四种不同的表象；从它的内部看过去，呈现出的又有所不同。一个物体的表面，摸起来很光滑，看起来也光滑，一旦用放大镜或显微镜去观察，就会发现它并不光滑。哪种情况是真的呢？这件物体的表面究竟光滑还是不光滑？一件看起来很简单的事物——人们一直以来也认为它是很简单的，但是如果进一步观察，就会发现它其实很复杂。科学家发现，物体是由分子组成的，而分子又是由原子组成的。紧接着，科学家进一步发现，原子中还有原子核和电子。或许只有通过这种循序渐进的方式，最终的实在才会呈现在我们面前。

我们能够弄清楚事物的最终实在吗？虽然我们想弄清楚关于它的所有信息，但它总是以表象的形式呈现给我们。如果真是这样，那么最终被我们认识的也只是表象——有些哲学家就是这样认为的。但另一些哲学家认为，相对于我们所说的表象，事物呈现出来的东西就是最终实在。一个建筑，它在六十四个不同的方位会呈现出六十四种不同的表象，但无论它有多少个表象，这些表象都指向同一个建筑。任何一个表象，只有当它被误认为是某物的唯一表象，并被断定为实在和整体时，才会引起误解。确实，我们从来没有在同一时间从各个角度去看一栋建筑或其他东西。尽管我们无法通过感官看到整个建筑，但我们可以想象，事实上，我们总是把它想象成一个整体，这个整体就是我们所认为的实在。同样，在建筑物上说得通的道理也适用于宇宙。仅凭肉眼，我们永远无法看到宇宙的全貌，但我们确实在脑中将它构想为一个整体。当它通过我们的感官向我们呈现它自己时，它所呈现的只是表象；如果我们把表象当成现实和整体，那就大错特错了。

还有一些哲学家认为，即使实在真的呈现在我们面前，也只能是单纯的呈现，除了表象，我们不可能认识到其他东西。或许真相是“我们现在犹如通过模糊的玻璃看世界”；或许只有上帝没有将表象和实在分离，只有他才是实在，是实在的本源，只有他才了解事物的真相。

在我们的经验中，我们发现并不是如唯物主义者所说的只有物质存在，也不是如唯心主义者所说的只有各种知觉存在。我们不仅进一步发现了认识和存在，还发现了行为和意志。

因此，哲学不仅要探究经验带来的结果，而且要探究经验会带来什么样的好处。这是一种实践性的探索，因此，哲学是实践的。哲学与科学不同，科学研究抽象概念，而哲学寻求的是活生生的真理——一个能指引我们生存和行动的真理。当一个人行动时，他有一个希望实现的目标，因为这样做对他来说是有好处的。我们生命的每时每刻，乃至我们的一生，都致力于完成一些尚未完成的事情，而这些事情一直处于被完成的过程中。这就是有关经验的基本事实。由此提出的一个最重要的问题是：我们一直致力于完成的事情是正确的吗？

我们不得不再次面临以下问题：我们的经验到底有什么意义？它能给我们带来什么好处？迄今为止，我们始终将经验比作一条弧线的内外两面。现在，即使我们假设的物质实体，在外弧一面形成了一个体系；处于内弧一面的意识，形成了另一个体系。我们手中所有的仍然是两个体系，而不是一个整体。

但是，如果我们坚持最初的假设——经验是一个整体，那么这个整体，这个最终的、最根本的实在，只能是上帝。这是我们最初的假设所隐含的一个进一步的假设。可是，如果它不仅仅是一个抽象的概念，而是一个人们可以感知和实践的实在，那么那个感知并实现它的人必然与上帝心意相通。

PHILOSOPHY : WHAT IS IT?

第五章

个体与整体

当一个人开始反思自己的经验，并询问自己，这些经验最终会产生什么结果时，他就成了一个哲学家。当他思考经验的意义究竟是什么时，他是把经验设想为一个整体的。当我们对上帝说“我们在您的庇荫下生活，因您的指引而行动，因您的存在而存在”时，我们进一步做了一个哲学假设，即整体是一个人格。从哲学的角度来看，这只是一个假设；从一个感到且认为自己与上帝心灵相通的人的角度来看，这并非一个假设，而是一个活生生的真理。

然而，从哲学的角度来看，将它当成一个用来对经验做出解释的假设，我们不得不质疑这样会产生什么结果，质疑它是否还有助于对经验进行解释。

如果正如我们假设的那样，经验是一个整体，那么组成这个整体的各个部分，要么彼此之间相互联系，要么部分与整体相联系。它们没有割裂开来，它们不是独立的存在，相反，它们是相互依存的。

下面举一个关于印度哲学家的例子来说明这一点。一辆马车由车轮、车轴和车身组成，只要这辆马车存在，这三个东西就是马车的零部件。但是，若是将这辆马车拆成碎片，将车轴扔在一个地方，车身放在另一个地方，车轮再换一个地方，那么这辆马车就不复存在了。如果马车不存在，那么零部件自然也不存在了，这样一来，车轴、车身和车轮就不再是这辆马车的零部件了，因为没有马车供它们来结合成一个整体。如果你去找钟表匠买手表，他却给了你一堆零部件，并对你说这是一只完整的手表。那么，你会说你想要的是一只手表，而不是一大堆尚未拼装的零部件。在你看来，它们绝不可能和一只手表等同。

现在，我们将上面这段话概括一下：任何事物的组成部分都绝不可能等同于这个事物整体。因此，一个整体也绝不可能等同于它的各个组成部分。再深入分析，我们发现各个组成部分一旦脱离了整体就不会存在，因为这个整体被拆分成了零部件后也就不复存在了。而如果没有整体，也就不会有各个零部件，只有整体存在，才会有零部件的存在。

那么，我们能说马车是一个整体吗？很明显，没有马，马车就不能完全算作一辆马车，因为它不能完成运送客人的这一功能——它就像钟表匠给的一堆零部件一样毫无用处。没有马，马车就不能算作一辆马车，马车没有马就走不动，就像没有轮子它就走不动一样。同样，车夫和轮子、马一样必不可少。以此类推，如果没有道路供马车行走，没有起点和终点供马车出发、到达，马车也不能算作一辆马车。

显然，这辆马车是世界的一部分。可以说，任何有体积的、能占据空间的东西，都可算作空间世界或整体的一部分。显然，没有整体，部分就不可能存在；没有部分也不可能有整体。现在，我们回到了这一章的起点，即各组成部分并非彼此独立，并非独立于它们所属的整体，并非独立于它们构成的事物。

如果从空间的角度来看这个世界是这样，那么从其他角度来看这个世界或许也是这样。我们还能从什么角度来看这个世界呢？我们可以从时间的角度来看待它。我们说“做事情要花时间”，意思是做事情的过程需要时间，过程指正在持续进行且尚未完成的状态。它不能算一个整体，只能算整体的一部分。我们会很自然地说，当一件事完成了，它是完整而彻底地被完成了——不论从整体上还是从进度上。但是，当车轴、车轮和车身被组装到一起时，我们就有了一辆马车，作为一个整体的、零部件齐整的马车。不过，紧接着我们就意识到，马和车轮一样必不可少，没有马的马车是不完整的。这一点同样适用于需要花费时间做的事情：一件事情刚刚结束之际，另一件事情就开始了。确实，我们花费时间做一件事，是为了接着做下一件事。就像我们吃饭是为了补充能量，睡觉是为了第二天能有精神。吃饭和睡觉，和我们做的其他事一样，都是我们经历的过程。我们的周围有无数过程，一个过程总是通向另一个过程。各部分不可能脱离整体，脱离它们所属的事物，脱离它们构成的事物而单独存在。各个不同的过程——不论是那些我们正在经历的，还是那些我们旁观的经历——都是这个世界整体进程的组成部分，若是没有世界整体进程的存在，其他各个过程都不可能存在。如果没有整体的存在，就不会有各组成部分的存在。因此，当我们思考时间的时候，我们得出的结论与我们思考空间时得出的结论一样：以时间的各个时刻来类比各组成部分，它们不可能彼此独立，不可能独立于它们所属的整体，也不可能独立于它们构成的事物。

那么，从空间的角度来看，这个世界就是一个整体，若是脱离了这个整体，或独立于这个整体之外，其中的任何一个组成部分都不会存在。同时，从时间的角度来看，作为一个过程，世界进程就是一个整体，它的各组成部分或各个时刻蕴含于这个整体之中，无法与这个整体割裂开来。

那么，我们还能从其他角度来看待这个世界吗？因为如果真的可以从其他角度来看，那么我们应该思考，若是从这个角度来看，世界是否呈现出一个整体的面貌？

我们还可以从意志和行为的视角来看待这个世界。当我们从这个视角来验证它的时候，我们就会发现，它是一个整体，其中的各组成部分并非彼此脱离开来，并非彼此独立，并非独立于他们构成的整体之外。

同样，在这个意志与行为的世界里，我们发现在思考马车这个问题的时候，我们的观点是一致的。我们都在致力于做某件事，在我们做这件事的过程中，我们将自己所做的事情，即我们愿意实施的行为，当作一个本身就完整无缺的整体。最初我们也这样将马车看成一个本身就很完整的整体，但我们很快就发现，没有拉车的马的话，它就不是真正意义上的完整，没有马车夫的话，它也算不上真正意义上的完整。我们用完全相同的方式来分析人们的行为，会发现人们往往先产生行动的意愿，然后才付诸行动，产生意愿和采取行动都带着某个目的，为了最终实现某个结果。如果我们本来就没有目的，也没有预见最终结果，那么我们就不会产生意愿并采取行动——正如没有马车夫的马车不能称之为完整，没有目的的行为同样不能称之为理性的行为或受意志支配的行为。

因此，我们处在一个意志与行为的世界，我们做这一件事总是为做下一件事做铺垫。我们的行为是组成最终目的的各个部分，各个部分蕴含于一个整体之中。在这方面，我们认为它们和构成空间的各个部分是一样的，即任何有体积且占据空间的事物都是这个空间世界或整体的一部分，脱离其中任何一个组成部分，这个整体都不会存在。这个整体包含各个组成部分，而各个组成部分又蕴含于这个整体之中。正如我们看到的，它不仅适用于空间，同样也适用于时间——不论是正在进行的过程还是正在旁观的过程，所有不同的过程都是整体世界进程的组成部分，如果没有整体世界的进程，那么所有的过程都不复存在。

这样看来，意志和行为的世界构成了一个整体，正如空间世界会被认为是一个整体——时间世界也一样。在某种意义上，如果我们从一定的角度去看，可能会认为世界进程和它所花费的时间共同构成一个整体，我们可能认为空间世界同样也构成一个整体，它们各个组成部分并不独立于彼此，也不独立于它们构成的这个整体。从这个意义上来说，它们分别构成一个整体。也就是说，空间的每一个组成部分都不能从这个整体中割裂出去，各组成部分只存在于整体之中。同理，也没有哪一个时刻能真正从时间中割裂出去，我们可以区分，或者假装区分各个不同的时刻，但是它们并不真正存在，它们在现实生活中并非散落于各处。在时间中，各个时刻，或者说是各组成部分只存在于整体之中。

虽然按这样的方式，时间也可能被看作一个整体，同样，空间也可能被看作一个整体。很明显，时间和空间并非彼此独立，因为从空间中的某一点移动到另一点需要耗费时间，其中隐含着时间的存在。正因如此，我们能通过从一个地方去往另一个地方所花费的时间来测量空间；我们能通过钟表的指针围绕着钟面移动的距离来测量时间，或通过太阳相对位置的明显移动来测量时间。

现在，正如一些哲学家设想的那样，如果运动着的物质是某个最终实在，那么我们就应该可以将物质微粒运动所处的空间以及它们运动时所耗费的时间区别开来，但是它们并非单独存在，彼此并没有分离开来。如果要发生运动，就需要空间和时间。在运动过程中，你无法只需要其中一个而将另一个排除在外。它们并不是两个分开的、独立的整体，它们彼此交融、不可分割。

此外，如果运动着的物质，也就是在空间中运动且耗费时间的物质，如某一派哲学家所设想的那样，是最终的实在，那么物质的一次运动，或一系列运动，会产生下一次运动。一次运动是另一次运动的结果，且这个结果是不可避免的——从开始到结束，物质运动的整个过程都不可避免，因为每一个运动都是由前一个运动所决定的，更准确地说是被前一个运动预设好了的。确实，整个过程从一开始就被预设好了，更准确地说，在开始的那一刻就被预设好了：运动一旦开始，就必须按照最初的预设进行。此刻，不仅过去是不可改变的，而且未来也是预设好且不可改变的。如果运动着的物质是唯一的最终实在，我们又是运动着的物质，那么我们的运动也就都是已经预设好的，我们的未来也是已经预设好的，和我们的过去一样固定且不可改变。

当一些哲学家引导你做出运动着的物质是唯一存在的假设时，按照这个假设进行推论，不论从逻辑上还是一致性上，都会不可避免地得出上述结果。如果他们认为这个假设可以解释经验，那么他们完全有权利做出这样的假设。然而，如果他们的假设无法解释经验，那么他们关于运动着的物质是唯一存在的假设就会被推翻；同时，如果我们还想要理解并解释经验，我们就必须尝试一些其他的假设。

在我们的经验中，除了运动着的物质以外，还有其他的东西存在吗？除了已经被设定好的东西以外，还有其他的东西存在吗？

正如我们看到的，确实存在其他东西。不仅存在以各种不同的形式被科研人员研究的运动着的物质，还存在研究物质、操作物质和以物质做实验的学生。在他们对运动着的物质进行研究时，还存在他们了解的有关研究对象的知识，以及进行这些实验时的行为。

现在轮到我们探讨他们的行为了。进一步说，是探讨我们每一个人的行为，因为我们都是生活的学生，我们都在拿生活做实验，即使实验结果一团糟。

我们总是在做一些事情，更准确地说，我们一直处于做某件事情的过程之中。因此，我们一直在期待，期待如果我们将自己的想法付诸实践会产生什么样的结果，或者如果我们不付诸实践又会产生什么样的结果。所以说，我们的眼睛总是聚焦未来。但是严格来讲，我们的眼睛一直在做某件事情产生的结果与不做某件事情产生的结果间来回穿梭。事实上，这两种结果不断变化，都可能出现在未来。只要这两种结果都是可能出现的未来，就没有确定好的未来。如果没有确定好的未来，那么我们就看不到任何一种未来。我们唯一能看到的，只有不确定的未来。

最终，通过思考做某件事情产生的结果和不做某件事情产生的结果，我们付诸行动，也就是说，我们选择其中一种可能性，然后去实现它。结果是，我们确实能够预见未来。

上文已经说过，我们总是处在做某件事情的过程中。生活就是付诸行动做某件事情的过程。这一过程不断地被完成——与其说是完成，不如说我们选择了一种可能性，然后将它变为现实。如果我们没有选择我们创造出的这种可能性，那么另一种可能性就会变成现实。这样一来，未来会持续不断地变成我们所选择的样子。未来永远处于被创造的过程中，永远不会结束，永远不会被我们的行为终结，也永远不会在我们的行动下固定不变。

永远都会存在两种不断变化的可能性——付诸行动的可能性与不付诸行动的可能性，而我们就在这两种可能性中做出选择。正是因为我们可以做出选择，我们才能创造，或有助于创造未来。未来并不是预设好的，也并非独立于我们而存在。

因此，我们得出了一个与唯物主义者完全不同的结论。当然，这是因为我们的前提条件与唯物主义者完全不同。唯物主义者的前提是：除了运动着的物质以外，其他一切都不存在。也就是说，他们认为，只有在空间中耗费时间运动的物质存在。而我们的假设是：首先，必须存在认识运动着的物质的人，否则运动着的物质永远无法被认识；其次，我们作为人，总是处于做某件事情的过程中。

在此，我们不必执着于这两个前提中存在的差异，问题的重点在于结论中的差异。唯物主义者的结论是未来已经被确定好了。因为他们认为，运动着的物质是唯一存在的物质，自身所有的运动轨迹早已被预设好了。而我们的结论是，活跃的、有意识的人一直在创造未来，他们之所以这样做，是因为人永远处于做某件事情的过程之中。对于既定的未来，我们无力做出改变，但未来并不是预设好的，我们可以做出无数选择，除非其中一种变成现实，否则，没有一种选择是预设好的。

正因为唯物主义者假设运动着的物质是唯一实在，他们才得出这样一个结论：未来是预设好的、固定的。但是，如果认可这样一个假设——除非存在认识事物的人，否则包括运动着的物质在内的一切事物都因无法被认识而不存在；除非存在实施行为的人，否则没有任何行为能被实施。那么会得出这样的结论：未来并不是预设好的、固定的，而永远是被那些在诸多可能中做出选择的人所创造的。

那么，让我们来看一下这个假设的结果，因为这里有一个有趣的问题：这个假设是否有能力对经验整体做出解释？如果某个假设无法解释经验整体，那么它就没有能力完成它所承担的任务，它在哲学上也是站不住脚的。

假设未来不是预设好的，也不是固定不变的，而是由那些有意识的、活跃的人在诸多可能之间不断做出自由选择而创造出来的，那么，所谓预设的这个观点就是错误的。但是，它是以“运动着的物质是唯一实在，且只有运动着的物质存在”这个假设为根据，按照逻辑性和必要性的原则推理出来的。因此，关于“运动着的物质是唯一存在”这个假设肯定也是错误的。实际上，物质是一个抽象概念，是根据我们将注意力集中于我们经验中的某一部分而得出的。而作为一个抽象概念，它不可能是一个实在。

因此，物质作为唯一的实在，实际上是一个抽象且虚拟的概念。然而，物质的一系列行为，总是必然地被认为是预设好的。如果人们所认为的物质是一个错误的概念，那么对它的预设，或者对它的运动轨迹的预设，就是这个错误概念中的一部分。物质作为一个独立的实在，按照预设好的运动轨迹单独存在；既然它是一个抽象且虚拟的概念，我们不妨将它暂时放在一边。

讲完了物质以后，让我们来讲一讲空间，因为物质的概念和空间的概念是紧密联系的。物质处于空间之中，而空间则是供物质存在和运动的地方。我们的假设或推论认为经验是一个整体，而且虽然它的各个组成部分可能有区别，但是它们并不能独立于整体而存在，或者说并不能与整体割裂开来。我们已经知道空间并没有独立的组成部分，你不能从空间中切下来一小片，然后把它带到其他某个地方去；你也不能将空间的其中一部分和另外一部分割裂开来。从这个角度来看，由于空间没有彼此独立的组成部分，因此它更像是一个整体。然而，不论是那些相信物质所在的空间是实在的人，还是我们，都不认为空间是一个整体。

那些相信空间是实在的人也相信空间是无限的。如果我们认为它是无限的，我们就无法把它当成一个整体——总会有一部分空间被遗漏。无限空间很明显是一个自相矛盾的概念，它从来都不是一个整体的概念。它就是一个噩梦——在这个噩梦里，你总是尽全力来填满你的盒子，却发现你填进去的东西越多，你无法填进去的东西也就越多。你不可能得到一个包含无限空间的整体。

空间没有相互独立的部分，因此看起来很像一个整体；但即使是那些相信物质存在，认为空间具有实在性的人，也不能确信空间是一个整体。更不用说我们这些相信经验是一个且是唯一的整体的人，更不会相信空间是一个整体。如果它真是一个整体，那它的内部除了空间和物质以外将别无其他。但我们所假设的是，在经验中，我们发现的远远不止空间和物质这两样东西。举例而言，就经验来说，我们对其具有一定认识，我们也能对其付诸行动。这样看来，空间只不过是我们拥有的经验中的一部分，是这个整体的其中一个因素；它不是经验的整体，空间本身也不是一个整体。无论我们如何看待实在的最终本质，最终也只能存在一个整体。如果我们假设有两个整体，那么也就是承认这两个都不是整体，那么这个假设就是自相矛盾的。

很简单，空间和物质一样，都是抽象概念，并不是实在。如果哪一个抽象概念被认为不是抽象概念而是一个实在，那就证明这个抽象概念是自相矛盾的。

如果我们假设经验是一个整体，我们就可以把空间和它内部容纳的物质放到一边，把空间看成一种存在，一个来自经验的抽象概念，一个虚拟的概念。

空间的无限是一个自相矛盾的概念，这仅仅是由于我们忘记了空间是一种抽象的东西，而将它当成是一种独立的实在。

但是，物质在空间中运动，运动耗费时间。那么，时间是否也是一个抽象概念呢？我们已经知道，空间是抽象概念，甚至在空间中运动着的物质也是一个来自经验的抽象概念，而不是我们的整体经验。

这是一个非常有趣的问题。只要我们只讨论在空间中运动着的物质微粒，我们讨论的就是抽象概念，而这些抽象概念并不包括我们的意识本身，因此似乎不会对我们造成影响。但是，当我们谈论时间的时候，我们不能再假装它没有影响我们。即使我们将物质和空间当作哲学虚构出来的东西，并声称唯一的实在是有意识的、活跃的人类拥有的经验，我们仍然要面对这样一个事实：思想是在时间这一维度相互碰撞的，行动也是在时间这一维度发生的。

那么，时间是否像物质和空间一样，也是一个抽象概念呢？

我们不禁注意到，时间与空间有许多相似之处，时间也和空间一样，与整体有某些关联。而一个整体的各个组成部分，虽然和这个整体有所区别，彼此之间也有所区别，但是它们都无法独立于这个整体存在，也无法脱离它而存在。很明显，时间和空间一样，没有各个独立的组成部分。因此，你无法从时间中切下一小段，然后把它向前或向后移动到某个时间点；你也无法将时间分割成许多时刻，将现在与之前或之后的时刻分开。现在通向过去，未来通向现在，它们之间没有任何间断或间隔。由于时间中的各个时刻并不是彼此分开、相互独立的，因此，它和我们分析的空间一样，也是一个整体。

在另一个方面，时间与空间也很相似。那些认为时间和空间拥有自身实在的人相信，时间和空间一样，也是无限的。你可以尽情地将时间向前或向后延长，可一旦你这样做了，就会发现，与此同时时间也变多了。如果它是无限的，那么它就没有任何尽头，不包含于任何整体之中。

不仅如此，正如空间的例子一样，我们这样说的理由在于：无限时间的概念本身就是自相矛盾的，让我们去想象这一概念，相当于让我们去想象一个不完整的整体。一旦我们试图这样做，我们就再一次坠入噩梦：我们往盒子里装入的无限时间越多，无法装入的无限时间也就越多。

那么，如果我们假设只存在一个整体——经验的整体，那就不能再假设时间是一个整体；同样，我们也不能假设空间是一个整体，因为无论如何都只能有一个整体的存在。时间可能是这个整体中的一个因素，就像空间也可能是其中的一个因素一样。一个简单的事实是：时间本身与空间本身一样，都是抽象概念，而非实在。一旦一个抽象概念被证实不是一个抽象概念而是一个实在，这个抽象概念就是自相矛盾的。

尽管时间被认为与有意识的、活跃的人类自身所拥有的经验相分离，且不是一个实在而是一个抽象概念，我们仍然要说，时间是人们经验中的一个“实在”，因为每个人都在经历时间。可以说，它和质量等其他抽象概念一样，没什么区别。质量作为一个抽象概念，同时也作为一个完全独立的事物，并非真正存在；然而根据我们的经验，它是确实存在的，我们不能说某物没有质量。同样，时间的每个时刻也是一种抽象概念。如果把每个时刻都当作一种抽象概念，也就是说，把每个时刻都当作独立存在的事物，并与其之前和之后的时刻割裂开来；那么，这些时刻将被看成是一个个独立的点，而时间将被理解为一排独立的点。然而根据我们的经验，时间并非一个个点或一排点，我们经历的每个时刻都不是各自独立的。把那些不存在的时刻加在一起所构成的时间概念，无疑是错误的概念。一个独立于它之前和之后的时刻，本身就是不存在的、虚无的；就像零加零最后只能得到零，把一个不存在的时刻与另一个不存在的时刻相加，你只能得到一个根本不存在的时刻。

这样看来，我们经历的时间、空间和物质都不是独立存在的，如果把它们看作独立的存在，就会导致错误的结论。对于物质而言，错误的结论是，所有事物都是预设好的；对于空间而言，错误的结论是，它否定了任何整体的实在；对于时间而言，错误的结论是，它误导人们认为各个时刻都是抽象概念，是彼此毫无关联的点，而这些点既独立于整体之外，又是这个整体的组成部分。

现在，让我们从非真实的、与我们的经验无关的各个时刻，转到我们的行为上来，我们的行为是真实的，且与我们的经验有关。当我们实施行动时，我们是带着目标的，是为了在预见的结果中获得某个东西。虽然这个结果发生在未来，但我们的行为永远不会与结果相脱离。我们的各种行为不是彼此分离、独立的点，而是一个持续不断的过程，这个过程会一直持续下去。我们总是致力于做各种事情，生活和工作永远不会结束。单个的行为没有任何意义，除非这个行为的实施是为了指向一个提前构想出来且意图实现的结果。各个行为所产生的结果同时也蕴含在这些行为之中，也就是说，要不是它们的目的是达成某个结果，要不是它们受到某个目标的指引，这些行为根本不会被实施出来。因此，我们的行为是一个过程，通过这个过程，或者说在这个过程之中，结果才能够达成。

现在，如果我们把我们正在进行的活动，以及我们看到的、在我们周围发生的活动，看作构成整个现实的整体，也就是构成我们经验的整体。那么我们不得不说，到处都有活动，而且实在整体就在活动之中，也就是说，实在整体在过程之中。简而言之，实在就是处在过程当中的整体。

可是，当我们说实在就是处在过程当中的整体的时候，我们会发现自己正陷入困境，而此时我们应该有替代方案以供选择。也就是说，我们可能会被困难吓坏，然后决定撤回我们前进的步伐，放弃那个导致我们陷入如此困境的假设。在我们的假设中，经验是一个整体，而且它的各个组成部分都无法独立于这个整体而存在，也无法和这个整体分离。因此，时间、空间和物质，作为独立于全体而存在的概念，必然是抽象的，也是错误的。

如果我们没有被困难背后隐藏的威胁吓倒，我们就应该坚持最初的假设，即假设经验是一个整体，我们应该继续探索，勇敢面对各种问题。

假设经验是一个整体，现在我们面临的困难是：我们曾说过，经验或实在是一个处于过程之中的整体。这样一来，我们似乎陷入了自相矛盾的境地，这种自相矛盾与我们所说的时间、空间和物质的概念所导致的自相矛盾完全相同。因为，说一个整体是在过程中，无疑是自相矛盾的。如果我们假设经验或实在是一个整体，我们就无法在这个整体的基础上更进一步。在这个整体之外不可能存在任何东西。如果我们认为经验或实在处于过程当中，那么只要它一直处于过程之中，它就不会是一个整体。

因此，我们似乎让自己陷入了一个困难的境地，因为我们说一个整体既是一个整体又不是一个整体。唯一的解决方案就是放弃一个或几个这样自相矛盾的论断。但我们不用必须遵循这一方法，不妨仔细研究现在面临的困难，看看我们是否真的是别无选择才做出这样一个假设。毕竟，一个整体不可能既是一个整体又不是一个整体。

如果事物A同时存在既是A又不是A的情况，我们或许会觉得奇怪。但这类陈述其实并没有什么奇怪的地方，A不可能只是A，它还有可能是B，但B不可能只是A，B肯定是某个不同于A的事物，也就是说，它肯定不是A。那么你确实已经告知了我们信息，同时告诉了我们一些新东西。你已经告诉我们A不仅仅是A，它还是B。简而言之，你实际上一直在表达的是——A既是A又不是A，也就是B。现在，如果A代表“这个整体”，而B代表“在过程中”，那么我们说这个整体不仅是一个整体——A是A，而且这个整体又处于过程之中——A是B，那显然就没有什么特殊或例外的了。

如果我们说，A既是A，又不是A，它也是B，人们肯定会觉得难以理解，我们不如将这些符号和文字转换成事实。按照唯物主义者的说法，物质世界，或宇宙中运动着的物质，时刻处于变化之中，在任何一个确定的时刻，它的状态都是它在前一个时刻所处的状态所产生的结果。它的状态在这个时刻与下个时刻是不同的。但是，我们必须指出，不管在哪个时刻，宇宙永远都是同一个宇宙。所以这个相同的宇宙，即A——既是A又不是A。

如果我们否认这个事实，就相当于承认，有多少个连续的时刻，就有多少个不同的宇宙。而这完全就是荒谬的，宇宙永远只能有一个，因为“宇宙”将万事万物都包括在内，如果它没有将万事万物都包括进去，它就不是宇宙。

如果我们从化学的方面加以说明，也许会更清楚一些。参加化学反应的各物质的质量总和，等于反应后生成的各物质的质量总和。你用两个氢分子和一个氧分子做实验，将它们通上电火花，最后你会得到H_2O。即使最后你得到的东西是水，但它仍然是两个氢分子和一个氧分子。你手中的三个分子并没有发生变化，唯一的区别在于在某一刻它们是水，也就是A；而某一刻它们不是A，不是液体，而是气体。

原因很简单，每一个整体，或者说我们选择作为某一刻的整体的事物，是处于过程之中的。

对于我们碰到的任何困难，解决方案有赖于这样一个事实，即“A是A”与“A是B”之间的差异并不是A本身存在的差异，而是你看待它的角度的差异，或是理解它的角度的差异。如果我们从B的角度来看A，也就是说，将这个整体看成是处于过程之中的，那么相应地我们会说，这个整体就是处于过程之中的。实际上，这是我们人类能真正理解这个整体的唯一方式。但是我们还有一种假设，即存在一种视角，根据这种视角，整体可被看成一个实在，但不能被看成一种变化的过程。我们只能说“我正在发生变化”，而只有一个存在者可以说“我不变”，这个完美的存在者就是上帝。

但这个结论实际上也是一种假设，它包含在我们一开始所作的假设中。一开始，我们询问经验是什么，它是什么意思。当提出这个问题时，我们假设经验是一个整体，而且存在意义。但现在我们发现，这个假设需要以另一个假设为前提，即假设存在一个完美的个体，且相信“我们在他的庇荫下生活，因他的指引而行动，因他的存在而存在”。

我们从一开始就假设经验是一个整体，且存在意义，是一个完美的个体，所有人类都是这个完美个体的复制品。如果没有其他原因，没人能说我们不是处于过程之中，不是正在发生变化，不是正在变成我们现在的样子。我们是仿造的，是照着上帝的形象仿造的。作为复制品，我们有自由意志，这是制造我们的那个至高无上的个体赐予的。因为我们有自由意志，所以我们的未来不是预设好的，而是由我们自己创造的；因为我们有自由意志，所以我们能决定自己的未来是好是坏。也就是说，整个过程是在进行的，我们可以帮助它前进，也可以帮助它后退。而过程，或者说处于过程中的活动，暗示着一种目的，一种正在实现的、好的，但尚未实现的目的：“你要全心全意地爱你的上帝，要像爱自己一样爱你的邻居。”这种爱让我们有力量去给予或保留，选择做或不做某些事情。

总而言之，当我们质疑我们的经验最终会产生什么结果的时候，如果我们假设这个问题存在答案，那么相当于假设经验是一个整体，进而假设这个整体的各个组成部分并非独立存在，也并非独立于彼此或独立于这个整体而存在。

至于占用空间的事物，比如马车，我们发现没有任何事物是自我独立存在的，或独立于彼此而存在的。我们还发现这一现象同样适用于耗费时间的过程，也同样适用于我们在假设中切分时间形成的各个时刻。同时，至于我们产生意愿然后采取行动的行为，我们发现所有的行为都不是分离的、独立的，我们在所有的行动中所做的任何事都有着明确的目的——为了进行下一件事而做铺垫。

虽然我们将空间和时间区分开来，但是运动着的物质这个理念中既包含了时间也包含了空间。除非我们假设所有物质的运动都发生在空间内且需要消耗时间，否则我们就不能假设存在任何运动的物质。不论空间还是时间都不是独立存在的，因为运动需要时间和空间同时存在。

但是，就其本身而言，运动着的物质，或物质的运动，需要我们相信：一次运动是由先前的运动所决定的，也就是说，是预设好的。如果运动着的物质是存在的，且是单独存在的，那就没什么需要深入探讨的了。但是，当我们实施行动的时候，我们在两种可能之间做出选择，由于这两种可能的机会是均等的，因此它们无法被预设。从这一点来看，我们并非走向固定的、现成的未来。

此外，如果未来不是现成的，不是预设的，那么促使我们相信未来是预设的理念就是错误的。而这个错误的理念是这样一个观点：物质有着既定的运动轨迹，是一个独立且自我的实在。实际上，按照我们的假设，运动着的物质是来自实在的一个抽象概念。也就是说，关于它不是一个来自实在的抽象概念，而是实在整体的理念是错误的。

它的错误之处在于，它要求我们相信空间是无限的。如果空间是无限的，它就不可能是一个整体。无限空间是一个来自实在的抽象概念，它既不是一个整体也不是唯一的整体。与此相似的是时间，尤其是被认为无限的时间，它是一个来自经验整体的抽象概念，很明显不是实在整体。

因此，时间、空间和物质都不是作为独立的实在被我们所认识。但既然被我们所认识，那它们就是我们的经验整体中的几个要素。只有当它们被从经验中提取出来时，它们才能被认为是独立的实在，但同时，因为它们是抽象概念，所以它们就不可能会是实在。

那么，从时间、空间和物质这些抽象概念身上，我们发现人类的经验其实是活动的经验，而活动是一个过程，同时，它还是我们最初所做的关于经验是一个整体的假设的一部分。对于我们来说，实在自身所呈现出来的只是一个过程。只有在上帝面前，它才能将自身的整体完全呈现出来。

因此，我们最初坚信的这个想法，即经验作为一个整体必有其意义，且有其目的。由它最终得出的结论是：存在一个完美的个体，“我们在他的庇荫下生活，因他的指引而行动，因他的存在而存在”。同时，我们的行为并不是预设好的。如果我们愿意，我们能遵从他的意志而行动，不论从内心里还是从行动上，我们都要去亲近他。为了亲近他，我们必须全心全意地爱他，像爱自己一样爱我们的邻居。只要我们这么做，我们就是在履行我们的哲学，将我们的哲学付诸实践，而我们就是实践的哲学家。